Toni Lauerer

Gestern beim Unterwirt ...

Toni Lauerer

Gestern beim Unterwirt

Wirtshaus-
g'schichten
aus Bayern

Bibliografische Information der Deutschen Nationalbibliothek

Die Deutsche Nationalbibliothek verzeichnet diese Publikation in der Deutschen Nationalbibliografie; detaillierte bibliografische Daten sind im Internet über http://dnb.dnb.de abrufbar.
ISBN 978-3-86646-390-5

1. Auflage 2020
ISBN 978-3-86646-390-5
Alle Rechte vorbehalten!
© 2020 MZ-Buchverlag in der
Battenberg Gietl Verlag GmbH, Regenstauf
www.battenberg-gietl.de

Inhalt

Warum „Gestern beim Unterwirt"?	7
Es wird eng	12
Super-Matti	17
Armer Mane	21
Gourmets unter sich	27
Winnetou	30
Erstes Gerücht: Der unmoralische Apotheker	35
Wo ist Spiekeroog?	42
Der Ding von Ding	47
Der Ausflug	52
Dein Freund und Blitzer	57
Schöne Zeiten	61
Zweites Gerücht: Der Führerscheinentzug	67
Affen sind auch nur Menschen	73
Internationaler Besuch	78
Und wo tut's dir weh?	84
Rudi haut auf den Tisch	90
Drittes Gerücht: Der Lottogewinner	96
Haustierfreunde unter sich	105
Das Kind im Manne	111
Der 30. Hochzeitstag	115
Der Check	120
Dreckig und glücklich	127
John Grundlbauer ist tot	135
Überraschung!	140
Das spannende Hobby	143
12 Kurze zum Schluss	147

Warum „Gestern beim Unterwirt"?

Darum:
Ich weiß gar nicht, wie oft ich mir in Wirtshäusern, in denen ich als Gast und als aufmerksamer Beobachter saß, schon gedacht habe: „Das müsste man aufschreiben! Das ist Kabarett pur! Das sind Geschichten, die nur das Leben bzw. der Stammtisch bzw. das Bier schreibt!"
Weil ich viel herumkomme in unserem schönen Bayernland, höre, sehe und genieße ich oft, was sich an Stammtischen abspielt. Dort, wo die sitzen, die dort immer sitzen. Die sich nach 30 Jahren Stammtischdasein eigentlich alles erzählt haben müssten – und das nicht nur einmal! Die alle nur denkbaren Themen durchgekaut, ausdiskutiert und abschließend bewertet haben müssten.
Aber weit gefehlt: Es gibt immer wieder Neuigkeiten, die zu erörtern und zu beurteilen sind! Und sollte es tatsächlich einmal keine geben, dann erfindet man welche und schon hat man wieder Gesprächsstoff. Es hat sich übrigens gezeigt, dass Bierkonsum von moderater Menge beim Erfinden von Neuigkeiten oft hilfreich sein kann.
Eine Alternative zu (wahren oder erfundenen) Neuigkeiten sind natürlich Begebenheiten aus der eigenen Biografie, welche man durch Übertreibungen und unwahre, aber sensationelle Anmerkungen aufwertet.
Liebe Leserinnen und Leser – tauchen Sie mit mir hinein in die bierschwangere (rauchschwanger war sie früher auch mal) Luft eines typischen Dorfwirtshauses, die leider immer weniger werden, sehr leider!
Hoffen wir gemeinsam, dass diese Entwicklung bald wieder in die umgekehrte Richtung geht, ich persönlich tue mein Möglichstes, dass diese Zentren der menschlichen Kommunikation erhalten bleiben! Erst recht nach dem unverschuldeten Tiefschlag, den ihnen ein Virus namens Corona versetzt hat.
Aber nun hören bzw. lesen Sie selbst, was Weltbewegendes, Lokales, Politisches, Privates, Sportliches, Feinsinniges, Hintersinniges und vor allem Blödsinniges besprochen wurde

Gestern beim Unterwirt

Viel Spaß und Prost!

Ihr Stammtischbruder
Toni Lauerer

Selbstverständlich müssen Sie wissen, mit wem Sie es zu tun haben! Nur so können Sie nachvollziehen, warum einer das sagt, was er sagt. Also, bitteschön – hier die Mitglieder des Stammtisches „Oane geht no", der vor über 30 Jahren in der Wirtsstube des Unterwirtes, gleich neben dem grüngefliesten Kachelofen, gegründet wurde! Wie es sich gehört, beginnen wir mit der Geistlichkeit und fahren dann alphabetisch fort.

Pfarrer Benedikt Seidlmeier (60)
Gemeindepfarrer, katholisch
Erscheint nicht regelmäßig am Stammtisch, nur gelegentlich auf eine Halbe nach der Abendandacht. Seine Anwesenheit ist Garant dafür, dass die Gespräche am Stammtisch nicht unter die Gürtellinie abrutschen, meistens zumindest. Sollte es doch einmal vorkommen, dass man über zu intime Dinge spricht, mahnt Hochwürden zur Mäßigung. Dies ist auch der Grund dafür, dass oft Erleichterung herrscht, wenn er den Stammtisch in Richtung Pfarrhof verlässt, da man mangels eigener häuslicher Erotik das Thema wenigstens am Stammtisch zur Sprache bringen möchte.
Familienstand: Logisch ledig

Bertl (61)
Fabrikarbeiter
Überzeugtes Gewerkschafts- und SPD-Mitglied, was ihn im Vergleich zu den eher konservativen Neigungen der Stammtischkameraden einmalig macht. Er kann sich aber gegenüber der andersdenkenden Mehrheit gut behaupten, weil er ein sehr umgänglicher Mensch ist. Nur selten bricht der unterschwellige Hass auf allzu kapitalistische Kapitalisten in ihm durch. Nicht der Neid ist es, der an ihm nagt, sondern die bittere Erkenntnis, dass es eine soziale Ungerechtigkeit gibt.
Familienstand: Geschieden, da seine Ex-Frau eher dem Kapitalismus und dem jüngeren Nachbarn zugeneigt war. Hat jetzt eine Lebensgefährtin, eine neue Ehe ist nicht beabsichtigt.

Erwin (62)
Selbstständiger Gas- und Wasserinstallateur,
Inhaber der Firma „Ein Ohr fürs Rohr"
Seine Gattin Renate sieht ihn selten, da er ganztägig auf Achse ist, um die sanitären Anlagen seiner Mitbürger frei und in Schuss zu halten. Bei seiner Firma handelt es sich um einen Zwei-Mann-Betrieb, bestehend aus dem Inhaber und Rüdiger, den alle Rudi nennen, weil Rüdiger ihrer Meinung nach seltsam, fast norddeutsch klingt. Wer Näheres zu Rüdiger alias Rudi wissen möchte: Siehte unten unter „Rudi", denn dieser ist auch Bestandteil des Stammtisches!
Familienstand: Verheiratet

Kare (59)
*Wegen Sehproblemen (er **sah** nicht ein, bis 65 zu arbeiten) frühpensionierter Zollbeamter.*
Seine Hildegard ist eine Traumfrau, da sie ihn ohne Murren nahezu täglich ins Wirtshaus gehen lässt und nie die lästige Frage stellt, wann er denn wieder heimkomme. Sie besteht lediglich zurecht darauf, dass er zu Fuß heimgeht, falls er mehr als eine Mass Bier trinkt! Diese Anweisung befolgt Kare stets, was ihm auch nicht schwerfällt, da er nur 743 Schritte (er hat sie einmal gezählt!) vom Unterwirt entfernt wohnt. Gelegentlich geht er ohnehin zu Fuß zum Stammtisch, jedoch nicht oft, da es ja regnen könnte und er sofort einen Schnupfen bekommt, wenn sein (haarloser) Kopf nass wird. Und dass ein Männerschnupfen lebensbedrohlich sein kann, ist wissenschaftlich durch die Studien von Prof. Dr. Hyp O. Chonder erwiesen!
Familienstand: Verheiratet (aus den oben genannten Gründen glücklich)

Mane (45)
Offiziell: Elektromonteur auf Halbtagsbasis
Mane verlegt aber auf Wunsch auch Fliesen, Pflaster und Platten, allerdings ausschließlich schwarz (nicht farblich, sondern fiskalisch gemeint!).
War lange und erfolglos auf Brautschau in verschiedenen ostbayerischen und westböhmischen Lokalitäten, dort auch in solchen zweifelhaften Rufes! Erhoffte sich eine Jaroslava aus Tschechien, stieß aber dann auf die Mafia aus Russland. Hat die zeitintensive und kostspielige

Suche inzwischen aufgegeben und hofft nun darauf, dass sich eine attraktive Frau spontan in ihn verliebt – er würde den Typus Heidi Klum bevorzugen, allerdings ca. 10 Jahre jünger.

Besondere Merkmale: Trinkt ausschließlich helles Bier, da er der festen Ansicht ist, dass alle anderen Getränke schädlich sind, nur dem Obstler gesteht er noch eine heilende Wirkung zu. Mane wird so gut wie nie mit seinem Nachnamen angesprochen, da diesen kaum einer kennt – und wer ihn kennt, spricht ihn ungern aus. Gerüchten zufolge heißt er Mlyczcynski.

Familienstand: Leider ledig

Max (73)
Rentner
Er besitzt die beneidenswerte Gelassenheit des Alters und den bewundernswerten Durst der Jugend.

Familienstand: Seit 49 Jahren verheiratet mit Klara, welche froh ist, dass er etliche Abende am Stammtisch verbringt, kann sie dann doch ihre geliebten Rosamunde-Pilcher- oder ähnliche Horrorfilme anschauen, ohne dass er neben ihr sitzt und gehässige Kommentare über die Qualität der immer gleichen Handlung abgibt.

Aufgrund seines Alters hat Max schon viel erlebt und ist daher ein Erzähler mit einem reichen Erfahrungsschatz, was ihm am Stammtisch hohen Respekt verschafft. Etwas nervig ist für Max, dass ihn Jungspunde, die noch nicht einmal 60 sind, oft für einen alten Mann halten. Dies ist er seiner Meinung nach noch lange nicht!

Rudi (35)
Geselle, Prokurist, Abteilungsleiter, Betriebsrat, Fahrer, Lagerverwalter, Logistiker, stv. Chef, Organisator von Betriebsfeiern und Pressesprecher der Firma „Ein Ohr fürs Rohr"
Die äußerst herbe Dominanz seiner Gattin Ursel ist der Hauptgrund dafür, dass Rudi defekte Rohre und die dadurch erforderlichen Reparaturzeiten genießt, ebenso die ungezwungenen Stunden am Stammtisch, welche allerdings gelegentlich durch Feldwebel Ursel abrupt abgewürgt werden, indem sie persönlich zur Abholung im Wirtshaus erscheint. Diese Demütigung wollen wir ihm aber in diesem Buch ersparen.

Familienstand: Hilflos verheiratet

Weitere Personen:
Hein (62): Wirt aus Leidenschaft, ansonsten völlig leidenschaftslos
Kathi (62): Langjährige Bedienung aus Leidenschaft
sowie gelegentliche Zufallsgäste.

Noch ein wichtiger Hinweis:
Wie an jedem Stammtisch fallen auch beim Unterwirt bisweilen Bemerkungen, die den Eindruck erwecken könnten, die Stammtischmitglieder seien sehr kritisch gegenüber ihren Gattinnen eingestellt oder gar tendenziell frauenfeindlich – das Gegenteil ist der Fall! Selbstverständlich wissen die Männer am Stammtisch, wie wir alle, was sie an ihren Frauen haben, sofern sie eine haben.

Doch wir wissen auch: Es ist einfach schön, in einer Männerrunde a bissl über das andere Geschlecht zu lästern. Das gilt übrigens auch umgekehrt!

Es wird eng

Der Stammtisch verläuft heute auffallend ruhig. Man sitzt schon einige Minuten beisammen, aber irgendwie entwickelt sich kein Gespräch. Da – endlich bricht einer den schweigsamen Bann, nämlich der

Kare: Also des sog eich scho: Liawa hau i an Ster Holz aaf lauter kloane Scheitln her, bevor i sowos wieder mitmach! Buchenholz! Meiner Lebtag mach i sowos nimmer mit!
Erwin: Ja Kare, wos für a Laus is denn dir über d'Leber glaffa?
Kare: Koa Laus, a Hosn! Drei Hosn, genau genommen!
Erwin: Ja, um Gottes Willen – drei neie Hosn? Des is doch a Katastrophe, mir reichts scho, wenn i oane brauch!
Kare: Naa, ned für mi, für mei Gattin hamma drei Hosn braucht.
Erwin: Drei Hosn für dei Gattin? Erzähl!
Kare: Sofort! Owa zerst brauch i an Schnaps zwecks da Desinfektion!
Bertl: Desinfektion? Wia des? Gegen wos?
Kare: Allgemein! Und gegen Hosenkaufstress! *Einhelliges bestätigendes Nicken, da eine allgemeine Desinfektionsmaßnahme nie schadet.* Kathi, bring a Runden Schnaps!
Kathi: Wosn für oan? An Klaren?
Kare: Wos denn sunst! Sinnlose Frage! Moanst, mir saufma an Trüben? An Eierlikör? Des gang uns no ab! Brrrr! *Schüttelt sich.*
Kathi: Ja mei, es gaab ja zum Beispiel aa an klaren Likör! Der is siaßer und waar ned so stark!
Mane: Ja freilich! Soweit kaams no! An Weiberschnaps! Den kannst selber saufa, des Glump, des babbade!
Max: Etz bring siem Schnaps und a Ruah is! Allaweil de ewigen Diskussionen! Siem doppelte Klare!
Pfarrer: *Hebt verlegen den linken Zeigefinger.* Mir einen einfachen bitte! Halb voll nur!
Kare: No gehns, Hochwürden! Oa Doppelter geht scho! Virenprophylaxe!
Pfarrer: Nein, vielen Dank! Ich hatte ja heute schon einen Schluck Messwein im Abendgottesdienst!
Kare: Do hätt i amal a Frage: Is der Messwein eher a trockener oder mehr siaß? Des daad mi scho lang interessiern.

Pfarrer:	Weder noch!
Kare:	Aha! Etza kenn i mi aus, danke für die Info!
Pfarrer:	Gerne! Und bei der Witwe Kraxnhuber bekam ich auch noch einen Eierlikör!
Kare:	Ja dann! Dann sans entschuldigt, Herr Pfarrer!
Max:	*Grinsend und kopfschüttelnd:* Also de Kraxnhuaberin! 91 Jahr alt, owa ohne dass du einen Eierlikör säufst, kimmst du dera ned aus! Des is oane, mei liawa! De wenn 70 Jahr jünger waar: Aus waars!
Erwin:	Da Eierlikör halt de am Leben! Ausschaun duats zum Schrecka, owa fit wia a Turnschuh!
Hein:	*Wie immer hinter der Theke Gläser abtrocknend:* Des brauchst ned zwoamal sagen! De fahrt no mitm Auto zum Supermarkt! Owa Obacht muasst scho geben auf sie am Parkplatz, weil de fahrt vogelwild, als waars alloans auf da Welt! De fahrt ned nach dem Motto „rechts vor links", sondern „i vor dir"!
Kare:	Also, Männer von Galiläa, dassi weida erzähl: Sagt mei Hildegard gestern Folgendes: „Karlheinz", sagts, „i brauch a neie Hosn! I geh etza dann a Wocha aaf Frauenexerzitien aaf Sankt Quirin, do brauch i a neie Hosn!" Sog i: „Hildegard, des is dei Sach!"
Kathi:	*Unterbricht:* Sodala, sechs Doppelte und ein Christlicher, bittschön! *Hochwürden lacht verlegen, Kathi stellt sechs volle Schnapsgläser und ein fingerhutähnliches Glasgefäß für die Geistlichkeit auf den Tisch.*
Kare:	*Zu Kathi, die schon wieder im Gehen ist:* Kathi, de schreibst mir auffe, gell! *Kathi nickt.* So, prost, Kameraden! *Man trinkt ex.* Etza merkts auf: Wia gsagt, i hob zu da Hildegard gsagt, dass des ihra Sach is, aber denkste! „Nix do!", hods gsagt, „du kimmst mit, weil i brauch eine Beratung!" So ein Schmarrn! Als ob i hosnmäßig beraten könnt! I hob scho bei de eigenen Hosn a Problem, geschweige denn, bei de ihren! A Weiberhosn is für mi a unbekanntes Wesen! Scho von de Größen her – i hob do überhaupt koa Ahnung ned!
Rudi:	Und nix für unguat Kare, bei deiner Hildegard is des ned unproblematisch, weil de is vo da Figur her eher, also eher ..., i sogs wias is: Eher wampert!

Pfarrer:	*Erschrocken:* Naja, ich würde sagen, füllig!
Rudi:	Ja genau, des aa no! Und do is a Beratung diffizil, oder, Kare?
Kare:	Extrem! Mir san in a Gschäft, des is speziell für so Frauen, de etza ned direkt dürr san, i woaß nimmer, wia des hoaßt, is ja wurscht! Aaf jeden Fall: I da einzige Mo in dem ganzen Gschäft, lauter Weiber, de ned direkt dürr warn!
Erwin:	Also direkt dürr bist du aa ned, des muass i etza zur Verteidigung deiner Frau und der anderen nicht direkt dürren Frauen scho sagen!
Kare:	Scho klar, owa um des gehts etza ned! Auf jeden Fall hob i mi schlagartig gschaamt! De hamm mi ogschaut, wia wenn i da Godzilla waar oder da Dieter Bohlen! Oane war direkt scharf auf mi, vom Gschau her, des war de am wenigsten dürre! Mir is ganz anders worn! De hod gschaut wia a Hund, wenn er a Wienerl segt. So gierig!
Mane:	Furchtbar!
Kare:	Gell! Und dann nimmt d'Hildegard drei Hosn und rennt damit in a Kabine eine. Nacha kimmts außa und hod a Hosn an, so beige, eher a dreckigs Weiß, a ganz a bläde Farb auf jeden Fall. Draht sich hin und her und sagt: „Und? Wos sagst?" Und i sog: „Perfekt!"
Rudi:	Echt? War glei de erste perfekt? Do host a Glück ghabt, und d'Hildegard aa!
Kare:	Achwo, natürlich ned! Ausgschaut hods wia a kaasige Presswurscht, so eng war de Hosn! Owa i hob mir denkt, für Exerzitien taugts scho. Und außerdem wollt i hoam, drum hob i glei „perfekt" gsagt!
Kathi:	*Von der Theke aus:* Bist du gemein! Owa genau so seids ihr Männer! Unmöglich, echt! Bloß koa Diskussion, bloß ned argumentieren!
Max:	Des verstehst du ned, Kathi! Des is a vollkommen natürliche männliche Reaktion. Des is von da Urzeit her, des is a Fluchtreflex – auße aus dem Damenmodegschäft, so schnell wias geht!
Kathi:	*Abfällig:* Ja genau, da Fluchtreflex aus da Urzeit! Aso schauts ihr aus, wia Urzeitmenschen! Oaner flüchtiger wia da ander!

Max:	Sie natürlich ned, Hochwürden, owa de andern! Als hätts in der Urzeit a Damenmodegschäft geben! Armes Deutschland! *Mit abschätziger Handbewegung:* Ach, bi staad! Kare, erzähl weida! Hats dir des „perfekt" abkauft?
Kare:	Natürlich ned! Sie hod ja selber gspannt, dass sie praktisch koa Luft kriagt, sie war ja scho leicht pink im Gsicht! „Spinnst ebba du?" hods gsagt, „de is mir doch viel zu eng! Mir druckts innerlich alls zamm!"
Rudi:	Do segstas, so sans! Kriagt kaam a Luft und fragt di trotzdem nach deiner Meinung! Des war eine reine Fangfrage war des! So sans, hinterlistig bis dort hinaus! Wenn i koa Luft ned kriag, frag i doch ned mei Frau, ob mir a Hosn zu eng is! Do bin i so fair, dass i sog: „Weg mit dera Hosn, sunst dastick i!"
Kare:	Grundsätzlich hast recht, Rudi, grundsätzlich. Owa i muass do direkt mei Hildegard in Schutz nehma, weil des is hormonell. Do kinnans gar nix dafür, de san genetisch aaf Fangfragen programmiert!
Erwin:	Des stimmt! Wissts, wos de meine macht? De fragt mittendrin, wenns von da Stadt hoamkimmt: „Und? Wos sagst zu meiner neia Frisur?" Un wos sog i Hanswurscht? „Super! Viel besser wia vorher!" Und dann sagts, dass sie gar ned beim Friseur war und dass sie genau de gleiche Frisur hod wia vor zwoa Stund und dass i sie ned oschau und dass i a Büffel bin! Des is so gemein, weil i dann dosteh wie ein Idiot! Bei aller Liebe: Manchmal denk i mir fei scho, obs ned a Junggsell einfacher hod, ohne Fangfragen.
Mane:	*Leicht frustriert:* Ihr reds eich leicht! I wollt, i hätt oane! I daad aa oane mit Fangfragen nehma! Seids froh, dass ihr oane habts!
Max:	Dua di ned owe, Mane, bist ja no jung!
Mane:	Noja, sooo jung aa wieder ned!
Kare:	Des wird scho, Mane! Aaf jeden Fall hod d'Hildegard gsagt, dass sie kaum a Luft kriagt und is wieder in d'Kabine eine. Vor lauter Luftmangel allerdings in de falsche! Do hodma dann kurz oane im BH steh seng, also de war kein schlechter Anblick, also ehrlich gsagt, a guada Anblick, mords ein Gschoß! De hod in des üppige Gschäft gar ned einepasst von da Figur her.

Hein:	Dann host wenigstens du aa wos ghabt vo dem Shopping!
Pfarrer:	*Der die ganze Zeit still zugehört hat:* Ich glaube, ich gehe jetzt, mir wird die Sache zu delikat! Fräulein Kathi ...
Kathi:	Wollns scho geh, Herr Pfarrer?
Kare:	Achwo, Herr Pfarrer, bleibens do! Des mit dem BH war ja bloß ganz kurz, mei Frau hod ja den Vorhang sofort wieder zuagrissn, de vergunnt mir ja nix, wos des betrifft!
Pfarrer:	Na gut, wenn das so ist!
Kare:	So is! Ja, und dann is mei Frau in der nächsten Hosn außakema, de war zwar blau, owa genau so eng. Do war i dann scho schlauer und hob gsagt: „De is nix!"
Rudi:	Bist aaf die Fangfrage nimmer einagfalln?
Kare:	Ja moanst du, i bin bläd? Bläd bin i ned! Und bei da dritten Hosn wars des Gleiche – d'Hildegard hod direkt scho an roten Kopf ghabt vor lauter Luftanhalten.
Bertl:	Ja, und dann?
Kare:	Dann hob i gsagt, sie soll halt amal a Größe größer probiern, weil es is ja klar, dass ihr de Größe ned passt von da Größe her.
Bertl:	Ja eben! Und dann?
Kare:	Dann hods gsagt, dass i koa Ahnung hob und dass ihr normal diese Größe immer passt und dass de Hosn bloß zu eng ausfalln. Und dass des koan Sinn ned hod, wenn i dabei bin, weil i an gewissen Druck erzeug, weil i allaweil aso ausschau, wia wenn i ungern dabei waar.
Rudi:	Stimmt ja!
Kare:	Freilich stimmts! Und dann hods gsagt, dass Shoppen mit mir keinen Spaß macht und dass gscheida waar, sie shoppert alloa! Und dann hob i gsagt: „Hildegard, du host wie immer recht! Etza fahrma hoam und morgen duast du in Ruhe shoppen, ganz alloa! Owa de drei Hosn, de du grad probiert host, de keman aaf jeden Fall in die engere Wahl!" Dann sagts: „Spinnst du? De san mir doch viel zu eng!" Dann hob i gsagt: „Ja eben! Drum sog i ja in die engere Wahl!"
Bertl:	Kathi, zahln! Etz glangts!

Super-Matti

Es ist ein Tatsache, dass Großväter an und mit ihren Enkeln viel Freude haben – und umgekehrt. Die Freude geht meist einher mit Stolz des Opas auf die Fähigkeiten des Enkels, auch schon im Säuglingsalter. Wobei – manchmal kommt es in der Euphorie zu Übertreibungen! Aber mei, da kann man dem Opa einfach nicht böse sein, er ist halt einfach so begeistert von dem kleinen Menschen, der noch dazu seine DNA in sich trägt.

Erwin:	Männer, etza muass i eich wos erzähln! Gestern hob i aaf mein Enkel aufpasst, weil mei Tochter und ihra Mo, de warn im Kino.
Mane:	Ah geh! Und in wos für an Film warns?
Erwin:	*Denkt nach:* Äh … hm …, also ehrlich gsagt, des woaß i ned, vermutlich irgendwos mit Liebe oder Horror oder so – is aa völlig wurscht! Mir gehts etza um mein Enkel!
Kare:	Wieso? Wos is mit dein Enkel?
Eriwn:	Also da Matti, der is so dermaßen gscheit, des is da Wahnsinn!
Max:	Wia hoaßt der???
Erwin:	Matti!
Max:	Matti? Is des a Abkürzung für Matthias? Also do waar fei Hias scheener, ehrlich gsagt!
Erwin:	Naa, des is koa Abkürzung, der hoaßt komplett Matti! Des is skandinavisch, so Richtung Finnland. Weil mei Tochter und ihra Mo, de san mehr nordisch von da Lebenseinstellung her.
Max:	Wos alls gibt! Matti! *Schüttelt den Kopf über den verhunzten Namen des finnisch wirkenden Enkels.* Do muass er fei Obacht geben, dass er in da Schul ned ausgspottet wird! Weil Matti, des klingt so in Richtung matt, woaßt scho, hundsmatt! In meiner Klass hod oaner Friedhelm ghoaßn, der hod aa seine Probleme ghabt. Da Frimper Gust hod immer Stahlhelm zu eam gsagt – da Gust, der war unmöglich.
Erwin:	Also do hob i keinerlei Bedenken! Weil wos heitzudogs in da Schul für Namen rumlaffa, do fallt a Matti nimmer auf!
Mane:	Des stimmt! Meiner Schwester ihra Bua geht in de zwoate Klass. De hamm zwoa Dirk, a Katynka, zwoa Achmed und an Ibn Sajid Feisal – do daad a Matti überhaupt ned auffalln, null!

Max:	Ibn Sajiid Feisal? Ja, Wahnsinn! Wo kimmt denn der her?
Mane:	Vo Niederstumpfing, weil in dem Schulbus sitzt er immer drin!
Max:	*Kopfschüttelnd:* Wahnsinn!
Erwin:	Ja eben! Die Welt is anders wia zu unserer Zeit! Bei uns wars aso, dass jeder, der ned Sepp oder Kare oder Hans oder Franz oder Mich ghoaßn hod, scho direkt a Exot war.
Kare:	Und der is so gscheit, dei Matti?
Erwin:	*Begeistert:* Wahnsinn! Des gibts normal gar ned, dass a Kind in dem Alter so gscheit is!
Bertl:	Wia alt is er denn?
Erwin:	Am Dog genau woaß i des aa ned, owa d'Sabine hod im Winter entbunden, etza hamma Oktober, hm ..., i daad sagen, der Bua is umara 9 Monat alt, eventunell 10. Owa dermaßen wiff, des is unglaublich! Von da geistigen Entwicklung her weit voraus!
Mane:	Ohne Schmarrn? Ja, und wia äußert sich des?
Erwin:	Bloß a Beispiel: Wenn du zu dem sagst: „Matti, wo is des Sparbuch?", dann deit der sofort zum Wohnzimmerschrank! Schlagartig! Der überlegt gar ned lang.
Kare:	Ja, owa dann is er doch eher bläd! A Wohnzimmerschrank is doch koa Sparbuch!
Erwin:	Tjaaaa, vordergründig vielleicht, aber: Im Wohnzimmerschank san d'Sparbücher drin! Des is des!
Kare:	Und drum deit er do hi? Geh Erwin, des glaubst doch selber ned! Der woaß doch gar ned, wos a Sparbuch is. In dem Alter is doch da Mensch, wos Vermögensanlagen betrifft, no völlig ahnungslos! I persönlich kenn mi heit no ned so richtig aus mit dem Fondszeig und dem Riester.
Erwin:	Scho klar, über Zinsen und Spareinlagen woaß er no ned Bescheid, des konnst von an Buam mit 10 Monat ned erwarten. Owa er kennt den Begriff „Sparbiacherl"! Weil amal hamma d'Renate und i d'Sparbiacherln am Tisch liegn ghabt und mei Tochter war zufällig grad do mitm Matti. Und i hob zur Renate gsagt: „Renate, dua de Sparbiacherln wieder in den Wohnzimmerschrank eine!" Und d'Renate hod de Schublade vom Wohnzimmerschrank aufgmacht und de Sparbiacherln einglegt. Und etza kimmts: Da Matti

	hod do voll higschaut, wie d'Renate de Sparbiacherln eineglegt hod! Mit einem Blick hod der do higschaut, dass du sagt „des gibts doch ned!" Weil i mir no denkt hob: „Schau hi, wia der hischaut!"
Kathi:	*Von der Theke aus, wo sie gerade Gläser spült:* Moanst ned, dass des eher a Zufall war, dass der do higschaut hod? Der hod halt einfach higschaut – irgendwo muass er ja hischaun! Und des is doch klar, dass a Kind do hischaut, wo sich wos rührt!
Erwin:	*Energisch:* Unser Wohnzimmer hod 27,4 Quadratmeter! Der hätt überall hischaun kinna. Aber nein, er hod genau zum Wohnzimmerschrank higschaut und zwar aaf de Schublade, wo de Sparbiacherln drin san! Und der hod sich des gmirkt! Do verwett i Haus und Hof: Des Kind hod sich des gmirkt: Des Wort Sparbiacherl und de Schublade, den Zusammenhang! Der hod des in seinem Hirn abgespeichert. Es is unglaublich! *Schüttelt fasziniert den Kopf.* Mirkt sich der des!
Max:	Also nix gega dein Enkel, Erwin, wirklich. Owa ob des ned a reiner Zufall war? Is scho klar, dass du stolz aaf den Buam bist, owa ob des ned a reiner Zufall war? Des is doch normal, dass a Kind duat hischaut, wo sich wos rührt, do hod die Kathi vollkommen recht!
Kare:	Des stimmt, des i a Reflex! Des hamm Hund' aa oder Rindviecher! Wenn im Stall fünf Rindviecher san und de Stalltür geht auf und i kimm eine, dann schaun alle Rindviecher zu mir her, des is doch klar!
Mane:	Genau! Und dann denka sich de fünf Rindviecher: „So, etza samma sechs!" *Lacht.*
Kare:	Du bist und bleibst a Depp, dassdas woaßt!
Mane:	Spaß muss sein!
Rudi:	Genau! Erwin, i zum Beispiel schau aa immer do hi, wo sich wos rührt! Wega dem bin i doch ned glei a Genie!
Max:	A Genie bist du so und so ned, egal, wo du hischaust! *Allgemeines Gelächter.*
Rudi:	Des mog scho sei, owa Erwin, dei Enkel is aa ned automatisch a Genie, bloß weil er zum Wohnzimmerschrank hischaut! Vielleicht hodna dürscht und im Wohnzimmerschrank is da Schnaps drin! *Erneutes Gelächter.*

Erwin:	*Gekränkt:* Wissts, wos ihr seids? Deppen seids! Des war ja bloß oa Beispiel, eines von vielen! I könnt eich no einiges erzählen vom Matti, wo ihr mit de Ohrn schlackern daads, einiges!
Max:	Dann erzähl! Owa ned wieder so an Krampf mit Sparbiacherln und Wohnzimmerschrank! Des beweist überhaupt nix! Weil wenn der so schlau waar, wia du moanst, wieso braucht er dann no a Windel? Dann hätt er doch scho öfter des Wort „Klo" ghört und wissert, dass er aafs Klo geh muass, wenn er muass!
Erwin:	Ja und? Des hilft eam doch nix, er konn ja no ned geh!
Max:	Do host aa wieder recht! Also guat, dann erzähl uns a anders Beispiel!
Erwin:	Ok! Des wos i eich etz erzähl, hod sogar im weitesten Sinne mit deiner Windel zum dua, Max!
Max:	*Empört:* Wooos? Meiner Windel? I hob doch koa Windel! I hob von da Windel vo dein Enkel gred! Etz erzähl dei Gschicht und red ned so a Blech daher! Mei Windel! I glaub, i spinn! *Schüttelt den Kopf.*
Erwin:	Also, halts eich fest: Letzdings war mei Tochter mit Mann und Matti bei uns. Sitzma aso durt, wiama halt aso durtsitzt. Da Matti sitzt bei seiner Oma, also praktisch bei meiner Renate, am Schoß und verhält sich absolut unauffällig. Er hod einfach so gschaut, ganz normal.
Kare:	Ja und? Wos is do genial? I schau aa oft.
Erwin:	Etza wart halt! Etz kimmts: Mei Schwiegersohn, da Mladen, ...
Max:	*Irritiert:* Madeleine?
Erwin:	Mladen! Er is ja a gebürtiger Kroate, owa scho ewig in Deitschland! Da Mladen erzählt mir, dass er etza a Monat lang koan Führerschein ned hod, weils eam blitzt hamm. Sog i: „Ach du Scheiße!" Und genau in dem Moment, wo i „Scheiße" sog, verziagts dem Matti sei Gsicht fratzenartig und er pfeffert in sei Windel eine, dass kracht. Gstunga hods schlagartig zum Gotterbarmen! Genau in dem Moment! Des is doch koa Zufall ned! Der hod des „Scheiße" eindeutig verstanden und sofort reagiert! Und produziert!
Bertl:	Kathi, zahln! Etz glangts!

Armer Mane

Wir Männer – und ich nehme mich da nicht aus – machen uns oft zum Deppen, wenn es um Frauen geht, insbesondere um schöne Exemplare des Geschlechts, das eindeutig das bessere ist. Mit diesem letzten Halbsatz will ich erstens bei weiblichen Lesern Pluspunkte sammeln, zweitens ist er wahr. Pfauengleich versuchen wir, uns ins rechte Licht zu rücken und unsere vermeintlichen Vorzüge an die Frau zu bringen. Leichter Alkoholgenuss steigert oft das Selbstbewusstsein, leider auch die Gefahr, sich zum Vollpfosten zu machen.
So geschehen auch am Stammtisch beim Unterwirt. Gottlob war Pfarrer Seidlmeier diesmal abwesend und musste das Elend nicht miterleben!

Kare: Männer, amal grundsätzlich: Aso a Stammtisch wia der unsrige is fei scho wos Scheens! Wennma als Männer unter sich is und wenn koa Weiberts stört! Nix gega Weiber, owa manchmal störns. Ned immer, owa manchmal, also eigentlich scho öfter als wia ned.
Kathi: *Räuspert sich hinter der Theke hörbar.*
Kare: Sorry, Kathi, sorry! Nix für unguat, owa du warst ja ned gmoant, weil du bist ja in dem Sinn koa Weiberts!
Kathi: *Empört:* Ned? Wos bin nacha i? I und koa Weiberts, i glaub, di hamma nimmer lang! Bin i a Mo oder wos?
Kare: *Beschwichtigend:* No freilich bist a Weiberts, owa ned in dem Sinn! Du ghörst ja praktisch zum Stammtisch, vor dir brauchma ned rumdua und koane Geheimnisse haben, weil du schweigst wie ein Grab, und du hast ein Verständnis! Aaf di kinnma uns verlassen, aso war des gmoant, praktisch mehr als Kompliment! *Alle nicken bestätigend und wohlwollend in Richtung Kathi.*
Kathi: *Skeptisch, aber auch geschmeichelt:* Naja, i lass eich's nochmal higeh! Alle a Bier, oder? *Eifriges und erfreutes Nicken, weil Kathi wieder versöhnt zu sein scheint.*

Die Tür öffnet sich, eine sehr attraktive junge Frau betritt das Gastzimmer. Sie sieht nicht nur blendend aus, sondern ist auch sehr körperbetont bekleidet. Die Münder aller anwesenden Männer, inklusive der des Wirtes, stehen weit offen angesichts der unbekannten Schönheit. Mit einer derartigen Er-

scheinung hat heute keiner mehr gerechnet. Hoffen tut man oft, eigentlich immer, damit rechnen nicht!

Evi: Hallo miteinander! Tschuldigung, dass i da einfach so in die intime Runde reinplatzt bin! I bin die Evi!

Sie winkt freundlich dem Stammtisch, dessen Mitglieder ihren Mund allmählich wieder schließen, zu. Alle setzen ein Lächeln auf, das charmant aussehen soll, das aber objektiv betrachtet eher dämlich wirkt. Max, gestählt durch Alter und Lebenserfahrung, findet als erster seine Sprache wieder.

Max: Ja, grüß Gott, schöne Frau! Welch Glanz in unserer bescheidenen Hütte!
Kathi: *Leise zu Hein:* Eam schau o! Da Poet! Do wird er glei zum Dichter, da alte Daderer! „Bescheidene Hütte" – er!
Evi: *Freundlich:* Oh, danke fürs Kompliment!
Max: *Erfreut wie ein Hund, dem man den Bauch krault:* Gern gschehn! *Sieht triumphierend in die Runde, weil er als erster mündlichen Kontakt zur schönen Evi hatte. Der Neid der anderen, die zu langsam waren, ist ihm sicher.*
Evi: Habts ebba no a Platzerl für mi?

Sofort rückt jeder, um Evi möglichst neben sich zu haben. Das allgemeine Rücken artet fast in ein Gerangel aus. Rudi rückt so ruckartig rückwärts, dass er um ein Haar samt dem Stuhl umfällt.

Rudi: *Mit dämlichem Gesichtsausdruck:* Hoppala! Etza waari bald umgfalln aa no.
Evi: Langsam! Bloß ned hudeln, weil des gibt hässliche Kinder!
Rudi: *Hölzern:* Ja genau! Hahaha!
Evi: *Lächelnd zu Mane:* Ach, du schaust so nett – setz i mi zu dir her! Is gestattet?
Mane: *Errötend:* Fr... freilich! *Evi setzt sich, Mane transpiriert spontan.*
Bertl: Do hast genau den richtigen erwischt, weil da Mane, der suacht dringend a Frau! Verzweifelt fast! Und immerhin is er scho 45, die Uhr tickt!
Mane: *Noch errötender zu Bertl:* Sei doch staad! Des interessiert doch koan Menschen!

Bertl:	Warum? Is doch wahr, seit Jahren suachst oane und findst koane! *Zu Evi:* Sogar in da Tschechei war er scho! *Mane schüttelt beschämt den Kopf.* Host an Freind?
Evi:	Äh, naa, hob i ned.
Rudi:	Host an Mo?
Evi:	*Amüsiert:* Naa, i hob aa koan Mo!
Mane:	*Denkt laut:* Des is ja super!
Evi:	Wieso is des super?
Mane:	Äh, ja, i moan bloß, mehr allgemein.
Max:	Dem gfallst wia d'Sau, des segt doch a Blinder! Schwitzn duat er aa scho wia a Ochs!
Mane:	*Weiterhin errötend:* Also Max!
Max:	Stimmts oder hob i recht? Aso kimmst du nie zu an Wei, du Dolde! Wennst du bloß schwitzt und nix sagst!
Erich:	Do hod da Max recht, Mane! Greif an! *Zu Evi:* I wenn noml jung waar, i sogs dir, i daad angreifa wia da Napoleon! Aso a saubers Deandl und koan Freind! A Sünd is des direkt!
Kare:	*Eifrig:* Mir gangs ned anders! I kannt mi ned zruckhaltn! Versteh mi ned falsch, Evi, i moan im Falle des Falles, der allerdings in dem Fall ned vorliegt, weil i bin verheiratet, owa i kannt mi andernfalls ned zruckhaltn!
Max:	Etza beruhigts eich wieder, ihr Hirschen! *Zu Evi, genau so verliebt wie die „Hirschen":* Etza muass i scho dumm fragen: Wos machst nacha du in unserm Dorf? Mitten unter da Woch und mitten in der Nacht?
Evi:	I kimm aus München und i hab a Woche Urlaub! Heit hab i no gearbeitet und jetza bin i grad okema! Übernachten dua i im „Roten Hirschen", direkt gegenüber, da war i grad und hab eincheckt, owa da gibts nix mehr zum trinka. Und bei eich hob i no a Liacht gseng und hob mir denkt, dass i vielleicht no a Pils kriag oder an Wein!
Hein:	*Mit sanfter Stimme:* No freilich kriagst no wos bei mir! Magst an Wein? A Weinderl fürs Maderl? *Kathi tippt sich vielsagend an die Stirn angesichts des Brunftverhaltens ihres Chefs.*
Evi:	Wos habts denn für oan?
Hein:	Mir hamm sogar zwoa: An roten und an weißen! Da rote is a Italiener und hoaßt „Cretino rosso" und da weiße is a Deitscher, a „Grunzheimer Saubeutel halbtrocken".

Evi:	Dann nimm i a Pils!
Hein:	Sehr wohl! I zapf dirs ganz frisch, gell!
Kathi:	*Leise zu Hein:* Sehr wohl! Er! Mei, seids ihr Deppen alle miteinander! A jungs Deandl in an kurzen Röckerl wenn ihr segts, dann schiaßt des ganze Bluat schlagartig ausm Hirn bergab!
Hein:	Pfff!
Max:	Ja, und warum bist akkrat bei uns da?
Evi:	Weil auf eierer Homepage hob i glesn, dass ihr a wunderbare Natur habts und dassma bei eich toll biken kann!
Max:	*Dem „biken" nichts sagt:* Des stimmt! Und radlfahrn konnma aa bei uns!
Evi:	*Amüsiert:* Ja eben! Radlfahrn aa! Und drum hamma d'Gabi und i ausgmacht, dassma bei eich a Woch lang a bissl sportln und in die Pedale treten!
Erwin:	D'Gabi?
Evi:	De kimmt glei, de hat den ganzen Dog no arbeiten miassn heit! I hob ihr scho a Nachricht gschrieben, dass i gegenüber vom Roten Ochsen im Wirtshaus bin!
Mane:	*Immer kecker:* Is de aa so schee wia du?
Evi:	*Bezaubernd lachend:* Mindestens! Du bist ja a ganz a Liaber! Und a Charmeur!
Rudi:	*Selbstbewusst und zugleich frustriert:* Zefix, direkt schad, dass i scho verheiratet bin! Dann könnt da Mane de Evi nehma und i d'Gabi, wenn de aa so schee is!
Kare:	Des wenn die Ursel ghört hätt, wos du soeben gsagt host, dann hättst Hundstag', des sog i dir!
Rudi:	*Kleinlaut:* Aus waar's! Do könnt i auswandern!
Evi:	Wieso?
Bertl:	Da Rudi hod a ganz a hantige dawischt, de raucht koan guadn! Ursula steht in ihrem Ausweis, owa da Hausnam' is Feldwebel!
Evi:	*Mitfühlend zu Rudi:* Naja, sooo schlimm wirds ned sei, oder?
Rudi:	*Zerknirscht und verliebt:* Owa fast! Do waarst halt du wos ganz wos anders!
Kare:	Etza is wias is! Aaf jeden Fall is da Mane da Oanzige vo uns, der no ledig is, also bei dem hättst Chancen! Wia bereits erwähnt, sogar in da Tschechei war er scho mehrmals, owa

	nix is ganga! Also scho wos, owa nix Solids! Und etza is er aa scho 45 Johr alt und schee langsam werads Zeit! Er is **noch** normal, owa des dauert no zwoa, drei Johr, dann wird er seltsam, falls er no koane hod!
Mane:	*Verlegen errötend:* Etza sei halt staad, Kare! Dua doch des Deandl ned so unter Druck setzen!
Evi:	Ach geh, lassna doch, des is doch koa Druck für mi! Owa dass du no ledig bist? Du schaust doch ned schlecht aus, und nett bist scheinbar aa, also zumindest am ersten Blick bist a ganz a Netter!
Mane:	*Noch verlegener:* A geh! Des sagst doch bloß aso! Und gell: I war fei in da Tschechei ned im Puff! Bloß dass des klar is! I war bloß in so Lokale, woma halt so Cocktails trinka konn und so ratschen mit de Deandln. Des Puff war im ersten Stock, owa i war im Erdgschoss!
Evi:	Du brauchst di doch mir gegenüber ned rechtfertigen!
Mane:	I wollt des bloß gsagt haben! *Wieder zärtlicher:* Findst du mi wirklich nett?
Evi:	Ja, ganz ehrlich!
Erwin:	*Eifrig:* Und da Mane, der is a Allround-Talent, der konn alles! Eigentlich is er a glernter Elektriker, owa der konn alles! Handwerklich a Hund! Bad fliesen, Pflaster verlegen, Platten verlegen ...
Kare:	*Grinsend:* Rohr verlegen ...
Erwin:	Depp! Naa Evi, ohne Schmarrn: Da Mane, der konn alles! Mit dem waar a Frau ned ausgschmiert, des sog i dir! Für des Geld, wos er sich handwerkermäßig spart, kann er dir dann a Halskettn kaffa oder a Mikrowelle!
Evi:	*Schmeichelnd zu Mane:* Dann bist also du aso a Alleskönner, ha? Und a netter aa no!
Mane:	*Verlegen:* Mei, helfa konn i mir scho handwerklich! I hob do a bissl a Begabung dafür.
Max:	A bissl! Sei ned so bescheiden! Stell doch dei Licht ned unter den Dings, zenalln! *Zu Evi:* Etza sog i dir wos: Da Mane, der hod mir einen Hasenstall baut, eins A! Dreistöckig! Des is ebbs wia a Hasenhotel, 5 Sterne! Meine Hasen keman sich vor wia in Dubai im Tatschmahal!
Kare:	Des is in Indien!

Max:	Des is wurscht! Aaf jeden Fall is des direkt a Wunder, dass da Mane no koane hod! Aaf deitsch gsagt! Bei so einer Begabung!
Kathi:	*Die die ganze Zeit hinter der Theke amüsiert zugehört hat:* Wollts jetza den Mane unbedingt losbringa, ha?
Kare:	Wos hoaßt losbringa? Da Mane is a Leckerbissen für jede Frau, er konns bloß ned so rüberbringa. Und weil mir seine besten Freind' san, miassma eam helfa! Gell, Mane?
Mane:	Etza hörts no wieder aaf! I konn scho für mi selber reden! *Zu Evi:* I will mi ja ned aufdränga, owa i dua aa gern biken! Hättst wos dagegen, wenn i mitfahrn daad mit eich? I hob Urlaub de Woch und i kenn super Strecken bei uns!
Evi:	Also wega mir gern! Und d'Gabi hod bestimmt aa nix dagegen. Mir san ja froh, wennma an Guide hamm!
Max:	An wos?
Kare:	An Führer hättens gern!
Max:	No no! Samma scho wieder so weit?
Kare:	Naa, ned, wos du scho wieder moanst! Oan, der wia ...

Kare wird unterbrochen, weil die Türe aufgeht und ein weiteres hübsches Mädchen hereinkommt.

Evi:	*Zu Mane:* So, etz kannstas selber fragen, obs wos dagegen hat. Übrigens, des is d'Gabi, mei Frau. *Steht auf, küsst und umarmt Gabi herzlich.* Griaßde Schatz! Schee, dass du scho da bist! Sitz di her, des san lauter nette Männer! I wenn auf Männer steh daad, i waar ganz begeistert, ehrlich!
Bertl:	Kathi, zahln, etza glangts!

Gourmets unter sich

Erwin: Hein, wos host denn zum essen do? Wos schnell geht!
Hein: Mei, Wiener, Pfälzer ... oder a Wurschtsemmel, mit Krakauer!
Hein: Genau! Des bringstma!
Hein: Wos nacha?
Erwin: Zwoa Paar Wiener, a Paar Pfälzer und a Wurschtsemmel.
Hein: *Unter den verwunderten Blicken der anderen Stammtischmitglieder:* Echt etz?
Erwin: Frag ned so lang und koch, mi hungert!

Hein geht kopfschüttelnd in die aus einem Elektroherd und einem Kühlschrank bestehende Küche, da der „Unterwirt" an und für sich kein Speiselokal ist, weshalb auf der Speisekarte neben diversen Getränken aller Art auch nur „Brotzeiten auf Wunsch, tagesabhängig" steht.

Kare: Ja Erwin, wos is denn mit dir los heit? Du hast doch no nie wos gessn beim Hein, no nie!
Max: Des stimmt! I hob di no nie wos essn seng – wos is denn los, Erwin?
Erwin: D'Renate is seit heit a Wocha mit zwoa Freindinnen aaf Wellness gfahrn.
Max: Wo is higfahrn? Aaf Wellness? Is des in Deitschland?
Erwin: Also Max! Wellness is doch koa Ort! Wellness, des is so massiern und Sauna und Übungen, so a Zeig halt, woma schwitzt. In Bad Füssing sans.
Max: Achso! Mei, woher soll i des wissen! Gschwitzt hob i meiner Lebtag lang bloß in da Arbeit, ned in Bad Füssing! Und i hob a Geld kriagt fürs Schwitzen, de zahln oans! So bläd möcht i aa amal sei!
Kare: Is scho recht, Max! Erwin, etza sag bloß, du konnst dir ned selber wos kocha? Du konnst dir doch selber wos kocha, oder? Oder ned?
Erwin: Männer, i sogs, wia's is: I hob mi do immer blind aaf d'Renate verlassen! Mei, i mach meine Sanitärsachen, i kümmer mi praktisch ums Gegenteil vom Essen, und sie kümmert sich ums Essen, unter anderem natürlich, weil nur mit Ko-

	cha is da Mensch ned ausgelastet! Mittags kaaf i mir meistens irgendwo a Brotzeit und aaf d'Nacht, wenn i von da Arbeit hoamkimm, dann hats kocht, d'Renate. Früher hod mei Mama kocht, seit i verheirat bin, kocht d'Renate, ned so guat wia mei Mama, aber immerhin aa ned schlecht. Warum soll dann i aa no kocha, des waar doch a Schmarrn!
Kare:	Mei liawa, des is fei ganz schee armselig! Also i, i hob mi scho immer mit da Kocherei befasst! Man woaß ja ned, wos kimmt! Danach duat mir d'Hildegard davo, dann konn i mi aaf d'Bappn haun! Naa, do geh i liaba aaf Nummer sicher, dann is ned weida tragisch, wenns mir davo duat! Weil ohne Frau, des geht zur Not – ohne Essen, des geht ned. I konn aaf Anhieb an Schweinsbraten zubereiten oder aa a Schnitzel, wahlweise. Mit Bratkartoffeln oder Kartoffelsalat, alles kein Problem für mi! Pommes san aa möglich, auf Wunsch! I bin do flexibel.
Max:	Direkt verhungern miassert i aa ned. I konn a Gulasch, auswendig, ohne Rezept, rein vom Gfühl her! I konn a Hühnersuppe – mit und ohne Huhn – und i konn Würscht aller Art warm macha. Oft sogar zu warm, dann zreißtses, macht owa nix, dann wirds a Wurschtsuppn, de konn man dann mit a bissl an Majoran und an Maggi verfeinern und scho passts. Also zwecks der Ernährung brauchert i koa Wei ned.
Mane:	I als Junggsell bin kochmäßig sowieso fit! So Standardsachen wie du Max, de mach i aus dem Effeff, des is eh klar! Des san ja Basics!
Max:	Wos is des?
Mane:	Basics! Des sagtma heitzudogs aso, Grundlagen praktisch.
Max:	Dann red deitsch mit mir und ned so gschwolln! Basics, er! Da ganz ander! *Schüttelt missbilligend den Kopf.*
Mane:	*Genervt:* Jaaa, dann halt Grundlagen, wennst moanst! Owa i beherrsch aa die gehobene Küche: Currywurscht, Hawaiitoast – null Problem für mi! Oder aa a Spiegelei, des mach i dir in null komma nix, mit Garnitur! I hob mir viel vom Schuhbeck abgschaut! Mit Ingwer wird sowieso alles gschmackiger!
Max:	A Spiegelei mit Ingwer? Ja pfui Deifl!

Mane: A Spiegelei natürlich ned, i moan mehr allgemein, do wo da Ingwer passt!

Hein kommt mit Erwins seltsamer Speisenauswahl aus der Küche und stellt das Essen mit einem fächerförmig aufgeschnittenen Essiggurkerl und 2 verschrumpelten Silberzwiebeln als optisches Highlight vor Erwin auf den Tisch, begleitet von den bewundernden Blicken der anderen.

Hein: Lass dirs schmecka, Erwin! Also ehrlich gsagt: Des is des erste Mal, dass i jemandem so an Zeig servier, in dera Zusammensetzung! Owa mei, wers mog! *Erwin macht sich sofort über die Speisen her.*
Kare: Erwin, nix für ungut, owa du bist da lebende Beweis, dass da Mensch genetisch a Sau is!
Erwin: Ha? A Sau? Warum a Sau? Genetisch samma doch Affen und koane Sei!
Kare: Tjaaa, von da Intelligenz her samma Affen! Owa vo da Ernährung her samma Sei, Allesfresser praktisch! Des is erwiesen!
Erwin: Ok, so gseng host du wieder recht. Owa ehrlich gsagt is mir momentan wurscht, ob i a Aff oder a Sau bin, auf jeden Fall hungert mi wia d'Sau!
Kare: Lassdas schmecka! Solang du beim Essen ned schmatzt und grunzt, solang is alles in Ordnung! Rudi, du bist so staad heit! Wia schauts bei dir dahoam aus kulinarisch?
Rudi: Bei mir? Mei, verschieden: Indisch, Italienisch, Griechisch, Chinesisch, manchmal aa Bayerisch. Owa mir machma des gemeinsam, d'Ursel und i, Arbeitsteilung praktisch. *Ungläubiges Staunen darüber, dass Rudi mit seiner sonst so gestrengen Gattin harmonische Kochabende verbringt.*
Kare: Ohne Schmarrn? Des kochts ihr alles gemeinsam?
Rudi: Naa, doch ned kocha! Sie suachts aus, i bstells und i hols und i zahls!
Bertl: Kathi, zahln! Etz glangts!

Winnetou

Mane hat anlässlich seines 45. Geburtstages versprochen, heute den Großteil der Getränke zu übernehmen. *Diese unbedachte Ankündigung hat dazu geführt, dass alle kräftig dem Alkohol zugesprochen haben, selbst der Herr Pfarrer hat entgegen seiner Gewohnheit ein zweites Bier zu sich genommen! Er hat dann aber den Stammtisch verlassen, da es Pfarrhaushälterin Gunda nicht schätzt, wenn im geistlichen Schlafgemach ein Bierdampf herrscht, wenn sie morgens Hochwürdens Betten macht. Inzwischen ist es 22 Uhr 20 und keiner der Anwesenden ist mehr nüchtern, nicht einmal annähernd. Die Kommunikation bewegt sich schon seit geraumer Zeit auf einfachstem Niveau, schläfrige Kommentare wie „ja mei", „so is", oder „so jung kemma nimma zamm", bzw. „Mane, etz wirst alt", machen die Runde, zwischendurch aufgelockert durch schwache Rülpser bzw. Laute, die ein Schluckauf verursacht. Auch dezente Schnarchversuche sind bereits zu hören. Plötzlich kommt ein Thema zur Sprache, mit dem man um diese Zeit nicht mehr rechnen konnte!*

Erwin: *Weinerlich:* Man möchts ned glauben, wia des einen Menschen emitio ... emotina ... emtomia ... also gefühlsmäßig berührt! Des möchtma ned glauben! *Schüttelt den Kopf.* Wia da Mensch wird, wenn eam wos aufs Ge – hicks – müt geht!

Max: *Schreckt aus leichtem Schlaf hoch.* Wos??? Wos redst denn etza für an Schmarrn daher? Mittn in da Nacht! Hicks! Hods di? Dann sauf ned so viel, wennstas ned verträgst! Wos soll denn de Winslerei? Hicks.

Kare: Etza daads ned streiten, weil da Mane hod Geburtstag! Am Geburtstag wird ned gstrittn, zefix! Mir is direkt a wenig damisch. I seg alles so, so spiralförmig, von da Drehung her! Des is de Brilln!

Erwin: Du hostas ja gar ned auf!

Kare: Ja eben! Des is ja des!

Mane: *Mit dämlichem Blick:* Genau, hicks! Und außerdem: Prost! Auf mich! Happy birthday to me! *Man hebt die Gläser, ein müdes Trinken folgt. Durst hat keiner mehr, das Leeren der Gläser ist eher Pflichterfüllung bzw. Gewohnheit. Max schläft selbst beim Trinken beinahe wieder ein, schreckt aber dann hoch, weil er sich verschluckt hat.*

Max: Zefix, isma a Schluck in de falsche Gurgel eine. *Rülpst.* Etza gehts wieder!

Rudi: Erwin, um wos gehts denn überhaupt? Gehts ebba scho wieder um Weiber?

Erwin: Doch ned um Weiber! Du allaweil mit deine Weiber! Naa, i moan den Winnetou!

Rudi: *Völlig überrascht:* Den Winnetou? Wos willst denn jetza mitm Winnetou? Um de Zeit!

Erwin: I moan bloß! Der Film, der imprägniert mir total, immer wieder! Weil wenn der stirbt, da wenn dann de, hicks, de Glocken läutn im Untergrund ...

Max: Im Hintergrund, ned im Untergrund! Depp! Hicks! Im Untergrund läut koa Glocke ned, do regiert da Deifl, der hods ned mit de Glocken! *Rülpst schwach und prüft sein Inneres.* Zefix, i moan, i speib relativ bald.

Erwin: Etza bring mi ned draus! Dann halt im Hin – hicks – tergrund! Aaf jeden Fall muass i dann jedsmal flenna, wenn der so tödlich stirbt! So endgültig, einfach Game over, Exodus! Ende Winnetou. Herr, gib Winnetou die ewige Ruh, quasi.

Max: Exitus, du Hirsch, hicks! Exodus daad er sagen, der Narr! *Schüttelt angesichts Erwins Dummheit den Kopf.* Also mir is nicht guat! Dass i heit no speib, is ned ausgeschlossen, hicks! Owa i glaub, des hob i scho er – hicks – wähnt.

Erwin: Des is mir aa wurscht! Wia i des des erste Mal gseng hob, hob i mir denkt: „Des gibts doch ned, dass der einfach stirbt! Mit dem rechnet doch koa Mensch ned! Und da Old Shatterhand daneben, sei bester Freind, und dann de Glocken – also mi überkimmts do einfach! I gibs offen und ehrlich zua, i flenn dann wie ein Hund! *Weint fast schon wieder vor lauter Rührung über den Tod des edlen Apachenhäuptlings.*

Rudi: Ehrlich? Wia a Hund? Flennt a Hund?

Erwin: *Verärgert:* Des woaß i ned, ob a Hund flennt, des is jetza aa vollkommen wurscht! I flenn halt!

Mane: Erwin, i versteh di! I versteh di vollkommen! Mir gehts ned anders! Wobei i bei de Glocken no ned flenn, sondern erst, wenn dem Winnetou sei Pferd in die Szene kimmt und aso schaut! Des is der Moment, wo i flenn! Wia des Pferd schaut,

	ein … hicks, einmalig! Bis man einem Pferd des lernt, dass aso schaut, des dauert seine Zeit!
Kare:	Manche Pferde lernens nie! Do muass a Pferd scho a Begabung hom, a schauspielerisches Talent!
Erwin:	*Gerührt:* Das Pferd ist der beste Freund des Menschen, des is erwiesen!
Rudi:	*Überrascht:* Ehrlich? I hob immer gmoant, des waar da Hund!
Erwin:	Ach du immer mit dein Hund! Du verstehst des ned, du bist da no zu jung, dass du des kapierst!
Rudi:	I moan ja bloß! *Grinsend:* A Pferd is für mi am sympathischsten im Aggregatzustand der Rosswurscht!
Erwin:	Du bist und bleibst a Grobian! Kein Gefühl nicht! So jung und scho dermaßen abgstumpft gegenüber einer ed – hicks – len Kreatur wia einem Pferd! Mi wunderts ned, dass du a böses Wei dahoam host! Aso a Büffel wia du braucht des!
Max:	Wia hoaßt etza dem Winnetou sei Pferd wieder, ha? Fury?
Kare:	Doch ned Fury! Fury is viel später kema, erst in de 70er Jahre! Dem Winnetou sei Pferd hod Ding ghoaßn, äh, Dings, etza fallts mir ums hicks, Verrecka ned ei.
Hein:	*Grinsend:* Lassie am End?
Erwin:	Gefühlloser Büf – hicks – fel!
Rudi:	*Zu Erwin:* Und du host aa kein Gefühl, dassdas woaßt! Mir – hicks – mei böses Wei vorwerfen! Sei froh, dass de meinige ned de deinige is, sei bloß froh! Des wos i mitmach, des wünsch i koan! So gsehn hod da Winnetou scho recht ghabt und hod gar ned gheirat! Der hod scho gwisst, warum! A Squaw brauchts ned.
Mane:	Soweit i woaß, wollt der ja heiraten, owa de hamm eam sei Verlobte daschossn!
Rudi:	Genau! Der wollt a Bessere heiraten, de Tochter von an Häuptling oder an Medizinmann oder so, a recht a saubere! Mit so Zöpf!
Hein:	War des ned d'Uschi Glas?
Rudi:	Schmarrn! Hein, schweig einfach, wennst di ned auskennst! *Zu Erwin:* Also Erwin *legt freundschaftlich den Arm um Erwins Schulter,* dann bist du wirklich dermaßen gerührt, wenn da Winnetou stirbt? Hicks!

Erwin: *Wieder versöhnt:* I gibs zua, offen und ehrlich! Obwohl i woaß, dass er stirbt, flenn i jedesmal wieder! Des geht automatisch. Weil i mir im Unterbe ... hicks ... wusstsein denk: „Ja fix, etza stirbt der scho wieder! Is doch des letzte Mal erst gstorm!" Des is ein Teufelskreis, der hört des Sterben nicht auf!
Kathi: *Kommt gerade vom Rauchen herein.* Männer, wia schauts aus? Mögts no wos oder reichts für heit? *Gähnt ausgiebig.* Weil miad waar i fei scho, gscheit miad! Und wenn i eich aso oschau: Ihr seids aa scho Canale Grande! Max, du bist fei ziemlich kaasig!
Max: Möglicherweise muass i heit no speim, owa etz wart, mir hamm grad a wichtigs Thema! Des miassma no fertig besprecha, dann speib i und dann kimmst wieder, zahln duat eh alls da Kare, der hod Geburts – hicks – tag heit!
Kathi: In Gottes Namen! *Gähnt herzhaft.* Was habts denn dann für a wichtigs Thema?
Erwin: Winnetou! Wia sei Pferd schaut, wenn er stirbt! Und dass er ledig war und des zurecht! Hicks! No woman no Wei!
Rudi: No woman no cry hoaßt des, hicks!
Kathi: Ja, um Gottes Willen! Des san Räusch! *Wendet sich ab und geht wieder hinaus zum Rauchen.*
Hein: *Der die ganze Zeit fast wortlos hinter der Theke Gläser gespült und abgetrocknet hat:* Omei, ihr und eier Winnetou! Des wissts scho, oder? Des war fei alles in Jugoslawien, ned in da Prärie!
Erwin: Des is scho klar, Hein! Owa trotzdem: Da Winnetou war einfach a edler Mensch! An besseren Häuptling hätten die Apachen gar ned haben kinna!
Rudi: Owa Apachen hods ja in Jugoslawien gar ned geben! Komantschn aa ned, Jugoslawien war ja an sich indianerfrei!
Erwin: *Schon leicht gekränkt:* Ja, des woaß i scho! Um des gehts ja gar ned! Obs in Jugoslawien Apachen geben hod oder Komantschn oder Sioux, des is doch völlig wurscht! Es geht darum, dass da Winnetou a Vorzeigeindianer war, a super Typ praktisch! Da Sitting, hicks, Bull, des war mehr a Grobian, a Büffel, owa da Winnetou, des war a feiner Mensch!

Max:	*Der sich plötzlich von seiner Übelkeit erholt hat:* Also Männer, etza muass i scho amal wos sagen: Ihr reds da vom Winnetou, wia wenn ihr den persönlich kennt hättets. Dass er a Supertyp war und a Vorzeigeindianer! Is eich scho klar, dass den Winnetou gar ned geben hat? Der war ja bloß am Fernseh. Mit da Uschi – hicks – Glas, owa de war ned sei Verlobte, sondern sei ..., also verwandt warns aaf jeden Fall! Entscheidend is, dass den Winnetou gar ned geben hod!
Mane:	*Mit erhobenem Zeigefinger:* Moooment, Max, Moooment! Natürlich hats den Winnetou geben, aber ...
Max:	Aber wos?
Mane:	Aber er war kein Apache, sondern ein Franzos!
Bertl:	Kathi, zahln, etz glangts!

Erstes Gerücht:
Der unmoralische Apotheker

Der Mensch ist für vieles dankbar und das zurecht! Man soll dem Herrgott danken für Gesundheit, für ein Dach über dem Kopf, für ein gutes Essen, für die schöne Natur, in der wir leben dürfen und für vieles mehr. Etwas, für das der Herrgott nicht verantwortlich ist, ist das Gerücht, aber auch dafür sind viele Menschen dankbar. Solange man nicht selbst davon betroffen ist, ist ein Gerücht ein äußerst ergiebiger Gesprächsstoff.
Kare betritt heute als letzter den Unterwirt und zwar mit einem Gesichtsausdruck, der eindeutig darauf hindeutet, dass er etwas Interessantes weiß, was die anderen nicht wissen. Er setzt sich und unterbricht die bis dahin belanglose Unterhaltung der restlichen Anwesenden, da er eine Top-Nachricht zu vermelden hat.

Kare:	Habtses scho ghört?
Erwin:	Naa!
Rudi:	Wos denn?
Kare:	Dem Apotheker is sei Wei davo! Gestern is auszogn, topaktuell! Des woaß praktisch no koaner!
Max:	Ach geh, des gibts doch ned! De san doch scho seit mindestens 30 Jahr verheirat!
Kare:	31, i hob recherchiert! Owa des hoaßt gar nix! Sie is scho furt! I woaß des aus sicherer Quelle, weil da Grumper Hans hods mir heit nachmittag im Aldi erzählt, beim Obst. Und da Hans, der woaß alles aus erster Hand, weil der is Postbot, der kriagt alles mit, alles! Er hodmas bloß kurz gsagt, unter dem Siegel der Verschwiegenheit! I sogs aa ned weida, bloß eich!
Mane:	I hobmas ja scho öfter denkt, dass do wos ned stimmt. Weil wia de immer spaziern ganga san in da Stadt, des war ned normal – Hand in Hand! Und dann hob i amal gseng, dass sich de küsst hamm! Mitten am Bürgersteig, am helllichten Dog! Do war mir klar, dass do da Wurm drin is in dera Beziehung! Wenn man so pervers zoagt, dass alles in bester Ordnung is, dann stimmts hint und vorn ned!

Max:	Do host du recht, des is ned normal, wennma 30 Jahr verheiratet is!
Kare:	31!
Max:	31, umso schlimmer! Des is oft da Anfang vom Ende, de öffentliche Schmuserei! Mir wennst ned gangst! Schaama daad i mi! Mei Wei daad sagen: „Max, drahst etza ganz durch? Bist du bsuffa oder verrückt? Lassma mei Ruah!"
Bertl:	Denen is einfach zu guat ganga, viel zu guat! Wenns dem Esel zu wohl ist, dann schleckt er ein Eis, mehr sogi ned!
Erwin:	*Denkt erkennbar nach, dann geheimnisvoll:* Etza wird mir einiges klar! No freilich, des war er! Des war da Apotheker! *Haut sich mit der flachen Hand an die Stirn.* Natürlich war des da Apotheker, wer sunst! I hobmas ja glei denkt! Hundertprozentig war er des! *Alle richten ihren Blick gebannt auf Erwin.*
Kare:	Wos host dir denkt? Wer war wer? Da Apotheker? Wo?
Erwin:	I war am Freitag in Straubing, beim Urologen. Weils beim Bieseln leicht brennt, bloß leicht, owa trotzdem unangenehm. I hob mir denkt, bevor dass no mehr brennt, geh i liawa glei.
Max:	Des is doch uns wurscht!
Erwin:	Etza wart halt, des war ja bloß die Einleitung! I geh in Straubing aso durch d'Fußgängerzone, seh i an älteren Herrn Hand in Hand mit einer bluatjungen Frau im Café sitzen. An Minirock hods anghabt, dass i mir denkt hab: „Ja halleluja, heilige Mutter Anna!"
Pfarrer:	*Empört:* Also Erwin, ich darf doch sehr bitten! Lass die heilige Anna aus dem Spiel! Die hat mit unzüchtiger Kleidung überhaupt nichts zu tun!
Erwin:	Nix für unguat. Hochwürden, nix für unguat! Man sagt ja bloß. Aaf jeden Fall hob i mir denkt: „Is ers oder is ers ned?" Des hob i mir denkt.
Bertl:	*Drängend:* Ja und? War ers? Scho, oder?
Erwin:	Im Nachhinein war ers, hundertprozentig, also 99 Prozent auf jeden Fall! Der wars im Nachhinein! Der hod scho a andere ghabt, bevor dass d'Frau furt war! Charakterlos bis dorthinaus!
Max:	Saubär, der!

Bertl:	Des san die Kapitalisten, des is typisch! Wissen ned, wohi mit dem ganzen Geld und vor lauter Übermut fangens so an Schmarrn o. Des kimmt von dem ungebremsten Kapitalismus, do kimmt des her. I sag des scho immer, owa mir glaubts ja koaner!
Pfarrer:	Erwin, bist du dir sicher, dass er es war?
Erwin:	Praktisch total!
Mane:	*Gierig:* Und sie?
Erwin:	Wos sie?
Mane:	Des junge Weiberts mit dem Minirock! War des a Hiesige?
Erwin:	I hobs ned kennt, also vo do wars ned, weil de hätt i kennt. Rein äußerlich könnts a Tschechin gwesn sei. Gsagt hods nix, sunst hätt i ghört, wos für a Landsfrau is. Owa rein optisch hods östlich ausgschaut.
Rudi:	A Nuttn wahrscheinlich!
Pfarrer:	Also Rudi! Ich darf doch sehr bitten! Keine so plumpen Verdächtigungen gegenüber einem Mitchristen! Und auch gegenüber der jungen Dame! Wieso sollte die eine Prostituierte sein, nur weil sie einen Minirock trägt?
Rudi:	Man konns ned wissen! Oder kennen Sie de junge Frau?
Pfarrer:	*Empört:* Ich? Natürlich nicht! Gott bewahre!
Rudi:	Scho klar, Herr Pfarrer, scho klar. Owa etz amal unter uns: Schauns Eahna doch amal den Apotheker o – schee is er ned, jung is er ned, schlank is er ned. Ja glauben denn Sie, dass a normale attraktive junge Frau auf den spinnt? Glauben Sie des allen Ernstes?
Pfarrer:	Gottes Wege sind unergründlich!
Bertl:	Des hod mit Gottes Wegen überhaupt nix zum dua! Des liegt einzig und allein am Geld, weil Geld macht erotisch! Des is da Kapitalismus, der is des. Nur der! Do stört a Wampn nimmer, wenn da Diredare stimmt! „Du kannst a Wampe haben und krumme Beine – wennst ein Geld hast, kriegst du eine!" Aso schauts aus!
Pfarrer:	Es ist halt jammerschade, wenn wieder einmal eine christliche Ehe auseinandergeht! Eine Ehe, von der man dachte, sie sei geprägt von Liebe und Vertrauen!
Kare:	Freilich is des schade, mir duats ja aa leid. Owa da Apotheker, der hod fei scho immer aso gschaut, dass i mir

	denkt hob: „Wieso schaut der aso? Der gierige Blick, der is ned normal!" Der hod ja jede Frau praktisch mit de Augen auszogn, spitz wie Nachbars Lumpi! Der hod sogar mei Frau amal gierig ogschaut, des miassts eich vorstelln!
Erwin:	Mir duat bloß sei Frau leid, weil de is in Ordnung! De bleibt aaf da Streck.
Bertl:	*Eifernd:* Owa de Frau is ned bläd, de is ned bläd. De holt sich scho, wos ihr zuasteht. Der muass finanziell bluatn, der Bonze, der greisliche!
Max:	Do gehts um Millionen, weil do is wos do! De Apotheke, zwoa Häuser und wer woaß, wos de sunst no hamm. Do is wos do! Und de zwoa Autos san aa ned billig! I hob ghört, in Straubing hod er aa no a Eigentumswohnung!
Kare:	Aha! Alles klar, des is des Liebesnest mit dera mit dem kurzen Rock! Des is natürlich praktisch, weil do sparst du dir des Geld fürs Hotelzimmer! Hundertprozentig is des des Liebesnest!
Max:	Genau! Des is so sicher wia des Amen in da Kircha!
Pfarrer:	Max! Lass bitte die Kirche aus dem Spiel!
Max:	Ja, scho klar, i hob …

Das Gespräch endet schlagartig, da der Apotheker die Gaststätte betritt. Er gehört nicht zu den Stammgästen, kommt aber gelegentlich auf einen Dämmerrussen vorbei, den ihm Wirt Hein auch sofort einschenkt.

Hein:	Habe die Ehre, Herr Pharmazierat, Russ kimmt sofort!
Apotheker:	Alles klar, Hein! Grüß Gott, die Herren!
Pfarrer:	Gott zum Gruße, Herr Apotheker! *Allgemeines Grußgemurmel der anderen.*
Apotheker:	Ist es gestattet, in der illustren Runde Platz zu nehmen?
Max:	No freilich, setzens Eahna no her zu uns, is ja Platz gnua am Stammtisch!

Der vermeintlich ehebrechende und krankhaft triebhafte Kapitalist setzt sich neben den moralisch tadellosen Sozialdemokraten Bertl, der dies angewidert zur Kenntnis nimmt.

Erwin: *Scheinheilig zum Apotheker:* Und? Alles klar im Reich der Pharmazie?
Apotheker: Alles bestens, danke!
Kare: *Ebenso scheinheilig:* Die Frau Gattin aa wohlauf? Gsundheitlich und allgemein?
Apotheker: *Leicht irritiert:* Äh …, ja, meiner Frau gehts gut. Zumindest war sie vor fünf Minuten, als ich zuhause wegging, noch kerngesund und guter Dinge!
Bertl: *Flüsternd zu Rudi:* Liagn duat er aa no wia druckt, de Bonzensau! Der wird ned amal rot dabei, abgebrüht bis dort hinaus, aso sans!
Apotheker: Wieso sollte sie nicht gesund sein?
Kare: Mei, momentan grassiert wieder so a Magen-Darm-Zeig, ganz wos Ekelhafts!
Apotheker: Ehrlich? Da hab ich im Geschäft gar nichts mitbekommen!
Kare: Des is erst im Kommen! Hod no ned viel dawischt, owa des kimmt no! Bei uns in da Arbeit hamms scho zwoa.

Es herrscht einen Moment lang betretenes Schweigen. Hein bringt dem Apotheker seinen Russen, was die peinliche Situation für einen Moment lang rettet.

Apotheker: Prost, die Herren, sehr zum Wohle! Auf das, was wir lieben!
Bertl: *Wieder flüsternd zu Rudi:* Sei tschechische Nuttn wahrscheinlich! *Prostet dem Apotheker scheinheilig grinsend zu.*

Das Handy des Apothekers läutet, alle erwarten gespannt den Anruf der Geliebten aus Straubing bzw. Böhmen. Man vermutet, der Apotheker ist extra aus dem Haus gegangen, damit die Prostituierte anrufen kann, ohne dass es die Gattin mitkriegt. Man rückt aber dann schnell von der Vermutung ab, da ja die Gattin bereits gestern ausgezogen ist und es sowieso nicht mitkriegt, wenn der Mann seine Schäferstündchen fernmündlich vereinbart.

Apotheker: Entschuldigung, da muss ich rangehen! Meine Frau! *Nimmt das Gespräch an.* Ja, hallo? Was gibts, mein Schatz? *Alle sind empört über die Dreistigkeit des Casanovas, der*

"Schatz" zu seiner Frau sagt, obwohl er sie erst vor wenigen Tagen infam betrogen hat. Wer? Achso, ok, ich komme gleich! Ich zahle noch, dann komme ich! Bis dann, Bussi! Tschau, Liebes! *Zu den Stammtischmitgliedern:* Ich muss leider weg, Bereitschaftsdienst, ein Mann braucht dringend ein Medikament, er wartet vor der Apotheke auf mich! *Trinkt nochmal vom Russen und legt dann das Geld auf den Tisch.* Einen schönen Abend noch die Herren, und angenehme Gespräche!

Alle verabschieden ihn gespielt freundlich, der Apotheker geht.

Erwin:	Also i woaß fei ned. Für des, dass eam gestern sei Wei davo is, is er fei sauguat drauf!
Mane:	Und dass sie eam oruaft wega der Bereitschaft, wenns eam gestern davo is, des is aa komisch. Wia kriagt denn de des mit, dass oaner a Medikament braucht, wenn sie gar ned do is?
Rudi:	Des daad mi interessiern, wos der für a Medikament braucht! *Allgemeine Verwunderung über diese dämliche und unpassende Bemerkung.*
Bertl:	Des is doch jetza völlig wurscht, wos der Hanswurscht für a Medikament braucht!
Rudi:	Wieso is des a Hanswurscht? Du kennst doch den Mo gar ned!
Bertl:	*Genervt:* Ach, sei staad etza!
Max:	*Grüblerisch:* Ganz komisch is des. Du, Kare, bist du dir do echt sicher, dass dir da Grumper Hans des erzählt hod, dass dem Apotheker d'Frau davo is?
Kare:	*Ungehalten:* No freilich, i bin doch ned bläd! Warts, des hamma glei, den ruaf i o, dann hörtses selber! *Zückt sein Handy und wählt Hansens Nummer.* Hans? Hans? Ja, servus Hans! I bins, da Kare! Ja genau, da Kare, da Blechinger Kare! Du Hans, du host mir doch heit beim Aldi erzählt, dass dem Apotheker sei Wei davo is. Beim Obst! Wos? Ehrlich? *Kurze Pause.* Achso! Ja, dann is des wos anders. Alles klar! Wos? Naa, passt scho, servus Hans! Tschuldige die Stö-

rung! Ja, servus! Scheens Wochenende! Wos? Heit is erst Dienstag? Trotzdem! Ja, servus!

Die Augen aller sind auf Kare gerichtet, der zerknirscht und schuldbewusst den Kopf schüttelt, man erwartet eine Erklärung.

Kare: Do hob i mi doch glatt verhört. Ned dem Apotheker is sei Wei davo, sondern dem Hacker Peter!
Erwin: Gell! Des wundert mi ned, weil wia der immer mit seiner Frau öffentlich schmust, des is ned normal!
Bertl: Kathi, zahln! Etz glangts!

Wo ist Spiekeroog?

Eine Touristenfamilie, bestehend aus Vater, Mutter und zwei etwa sieben- bis achtjährigen Kindern verschiedenen Geschlechts, hat sich zum Unterwirt verirrt. Gäste dieser Art sind hier eher selten und werden daher intensiv von den Stammgästen beäugt und begutachtet.
Die Kinder hören auf die Namen Dörte und Ole, was sie von Haus aus leicht suspekt macht.
Sie haben je ein Paar Wiener vor sich stehen und trinken gelbes Limo. Der Vater isst, wie auch die Mutter, eine Wurstsemmel und trinkt, auch wie die Mutter, ein stilles Mineralwasser. Doch nicht nur seine Getränkewahl lässt ihn seltsam erscheinen, auch seine Sprache. Es deutet alles daraufhin: Diese vier Individuen sind Preißn! Regional dürften sie dem äußersten Norden, eventuell sogar dem Nordosten der Republik zuzuordnen sein, man weiß es nicht, da der Dialekt sehr fremdartig wirkt.
Aber unsere Stammtischbrüder sind weltoffen und haben keine Berührungsängste gegenüber fremden Kulturen – bereits 20 Minuten nach Eintreffen der seltenen Gäste eröffnet Kare das Gespräch!

Kare:	Griaß eich! Wo seids denn nacha her, alle viere?
Mann:	Wie bitte?
Kare:	Von wo dass ihr herkommt!
Mann:	Achso! Wir kommen von Spiekeroog!
Kare:	Ja mi host ghaut!
Mann:	Wie bitte?
Kare:	Mich hast du gehauen! Spiekeroog! Wahnsinn! Des kenn i ned, wo is denn des? Des is bestimmt ganz woanders!
Mann:	Friesland!
Kare:	Aha! Friesland! Do schau her! Kenn i aa ned!
Mann:	An der Nordsee!
Kare:	Aaahhh, Nordsee! De kenn i! Freilich, Nordsee, des hodma scho öfter ghört! Do gibts allaweil so Fischsemmeln und Lachssemmeln, de san ned schlecht! Mit Zwiebeln!
Mann:	*Lacht.* Achso! Sie meinen das Unternehmen Nordsee, die Restaurantkette! Nö, ich meine die geografische Nordsee!
Kare:	Is scho klar, des war a Witz meinerseits, a Gag! Naa, i kenn d'Nordsee scho – Hamburg, de Richtung, oder?
Mann:	Ja, in etwa, aber noch nördlicher, eher westlicher.

Erich:	Unser Schützenverein, der is amal aaf Hamburg gfahrn, mitm Bus!
Mann:	Ach ja?
Erich:	Jawoll, 1988 war des, Vereinsausflug, a Riesengaudi! St. Pauli, wissens scho, der ganze Schmarrn, a Riesengaudi! Dem Kulzer Kare hamms sein Geldbeidl gstohln, a Riesengaudi!
Mann:	Ach ja? Dann hat es Ihnen Spaß gemacht!
Erich:	I war ned dabei.
Mann:	Nicht?
Erich:	Naa, Brechdurchfall! Du, do bist du beinander, do bist in St. Pauli fehl am Platze! Wenns hint und vorn kimmt, do gfreit di nix mehr, gar nix! Drum war i ned dabei, des hätt koan Sinn ghabt! Für mi a Qual und für de andern a Belästigung! Und da Busfahrer hätt aa koa Freid ghabt mit mir, wenn er alle Viertelstund steh bleim hätt miassn.
Mann:	Oh weh, das glaub ich Ihnen gerne.
Erich:	An Guadn übrigens!
Mann:	Wie bitte?
Max:	Einen guten Appetit, moant er!
Mann:	Ach so! Ja, danke schön – wir sind ja schon fast satt!

Der Stammtisch redet wieder intern und leise, man lässt die Gäste aus dem hohen Norden in Ruhe essen.

Rudi:	Wo is denn nacha des Spiekeroog genau? Kennt des wer? *Schweigen am Tisch.* Max, du warst doch bei da Marine. Warst du vielleicht im Krieg in dera Gegend?
Max:	*Empört:* I glaub, du spinnst! I bin 1947 geboren! I war doch ned im Krieg! Also so alt bin i aa wieder ned! I und im Krieg, so ein Aff! *Schüttelt gekränkt den Kopf.*
Rudi:	Achso! Ja freilich, stimmt. I hob bloß gmoant, weil du der älteste bist vo uns.
Max:	Trotzdem war i ned im Krieg, des könntst scho wissen – denk halt a bissl nach, bevor du wos sagst! I und im Krieg, unglaublich! A 47er Jahrgang und im Krieg! I war bei Kriegsende minus zwoa Jahr alt, du Kasperl!
Bertl:	Ja, etza beruhig di wieder, Max! Bloß dass ihr des wissts, ihr Ignoranten: Spiekeroog liegt in Niedersachsen und ghört zu

	de ostfriesischen Inseln! Sylt und Helgoland is ned allzuweit weg davo. *Andächtiges Staunen aller.*
Kare:	Eam schau o! Woher woaßt denn du des so genau? Du bist doch kaum wegkema von do, maximal Österreich!
Bertl:	*Stolz:* Scho klar, aber: I hob scho immer als Hobby ghabt, dass i im Atlas blattl, scho immer! Scho als kloaner Bua hod mei Mama oft gsagt: „Hubert, blattlst ebba scho wieder im Atlas? Du und dei Atlas!" Und i hob gsagt: „Ja Mama, weil mir des aso gfallt, wenn i mit mein Zeigefinger durch die große weite Welt reisen kann!" Wos für andere Buama Bulldog warn und Kipper, des war für mi da Atlas!
Kare:	Schau dir den Bertl o! Glauben möchstas ned, wosma do für Intimitäten erfahrt über seine Stammtischkameraden.
Max:	Noja, wenn des de oanzigen Intimitäten in seiner Jugend warn, dann guat Nacht! Mitm Finger im Atlas, des is vo da Intimität her relativ armselig. *Alle lachen, außer Bertl.*
Bertl:	Du bist und bleibst a Hanswurscht!
Mane:	Und do kannst du di no erinnern, Bertl, wo des Spiekeroog is?
Bertl:	Genau! In Erdkunde bin i fit!
Mane:	Segstas, hod sich scho rentiert, dei Hobby! Schafkopf is zwar aa unterhaltsam, owa über die große weite Welt lernst nix. Du woaßt vielleicht, das d'Bumpl d'Schellnsau is, owa wo Spiekeroog liegt, des sagt dir beim Schafkopfa koaner, des erfährst du nie!
Max:	Etz hörts wieder aaf mit dem Schmarrn! Gibts sunst wos Neis? *Sieht sich um.* Wo is denn heit d'Kathi überhaupt?
Hein:	Ihra Schwester hod heit Geburtstag, do is sie natürlich bei da Feier, die Kathi.
Erwin:	Is de Schwester jünger oder älter wia d'Kathi?
Hein:	*Grübelt.* Hm …, etz wenni wüsst, wia alt dass d'Kathi is …?
Max:	62 is d'Kathi, und am 7. April hods Geburtstag, a Widder is!
Hein:	*Völlig baff:* Hä??? Woher woaßt denn du des so genau?
Max:	*Leicht verlegen:* Weil d'Kathi hätt mir damals als jungs Deandl recht gfalln! Drum hob i mi erkundigt, wanns genau Geburtstag hod – und vergessen hobs i bis heit ned. Wia sie damals 16 worden is, bin i mit an drumm Blumenstrauß in

	mein gebrauchten VW Käfer zu ihr hoam gfahrn zum Gratulieren. I war scho 27 damals!
Kare:	Oläck! Und? Is nacha wos ganga? Is scho wos ganga, oder? A Blumenstrauß is oft a Türöffner bei de Weiber!
Max:	A Dreg is ganga! Wia i hikema bin, is scho dem Rumpler Gust sei Porsche vor ihrem Haus gstandn und i hob gwisst: Max, do hast du null Chance, gega den Rumpler Gust ned!
Kare:	Da Rumpler Gust! Angeber, Volldepp und von Beruf Sohn! Der is bläd auf d'Welt kema und hod dann sofort geistig abbaut! Des is klar, dass der Hanswurscht mitm Porsche vorgfahrn is, da bleibt a anständiger Kerl wia du aaf da Streck, des is sonnenklar! Aber: Tu dich nicht hinab, Max, wer woaß, für wos dass des guat war!
Max:	I hobs psychisch schnell verarbeitet, weil i bin dann voller Zorn in d'Disco mit mein Blumenstrauß und hobna da Rosa geben, einfach so. D'Rosa, de hob i damals flüchtig kennt, von da Schul her. Mei liawa, do hods gschaut wia a Singerl, wenns blitzt, mit dem hods ned grechnet! Naja, dann hamma „Rock your Baby" tanzt und bis i gschaut hob, hamma gschmust. Tja, und den Rest wissts ja eh: Mir hamm gheirat, a Haus baut, 2 Kinder, a Auto, an Hund, wias halt aso is. I konn mi ned beklagen.
Bertl:	Des daad i aa sagen, du ned! Und schau dir d'Kathi o: Mit dem Rumplerdeppen is nix worn, dann hods den scheena Italiener gheirat, Giovanni oder wia der ghoaßn hod ...
Erwin:	Guiseppe!
Bertl:	Is aa wurscht, aaf jeden Fall is des aa schief ganga, und jetza?
Max:	Etza möchts i aa nimmer!
Bertl:	Eben! Etza stehts do mit ihrer Ex-Schönheit! Owa oans is aa klar: Zwider is ned, d'Kathi, hod halt a Pech ghabt.
Max:	Naa, zwider is ned! D'Kathi passt scho. Wenn ned da ander Depp dazwischengrumpelt waar damals, i hätts gheirat, eiskalt!
Kare:	Dann waarst heit gar ned do!
Max:	Warum ned?
Kare:	Weil du dann auf dera Geburtstagsfeier waarst vo ihrer Schwester, weil des waar ja dann dei Schwägerin!
Max:	Stimmt, an des hätt i etza gar ned denkt.

Die Unterhaltung wird jäh unterbrochen, weil die nordische Familie bezahlt hat und das Gasthaus verlässt, die Stammtischbrüder heben die Hand oder den Kopf zum Gruß, nur Kare lässt sich zu einem „pfiad eich nacha!" hinreißen. Zurück auf dem Tisch bleiben vier halbvolle Getränke, je ein nicht aufgegessenes Wienerl sowie eine halbe Wurstsemmel. Diese unsägliche Verschwendung von Ressourcen erregt den gerechten Zorn der Stammtischbrüder. Als das auswärtige Pack die Gaststube verlassen hat, kann sich Kare nicht mehr zurückhalten, er bereut sofort, dass er als einziger einen Abschiedsgruß entboten hat.

Kare: Schau dir des o! Etza schau dir des o! De Preißnschädeln, de elendigen! Lassen die Hälfte über und haun einfach ab! Mei liawa, da solltert amal a schlechte Zeit kema für so Leit, a ganz a schlechte! Und i Depp sog no „pfiat eich"! „Fressts eier Glump zamm und saufts aus, ihr Saubärn!", hätt i sagen sollen!

Erwin: Un-mög-lich! Saufratzen, verzogene! I wenn in dem Alter zwoa Wienerln kriagt hätt, i waar drei Meter hoch ghupft vor Freid! Radebutz hätt i de Wienerln zammgfressn, radebutz! Mir hamm als Kinder a Milchsuppn kriegt und a hartes Brot, des wars!

Max: Haargenau! Und a halbertes Getränk steh lassen, des hätts bei uns aa ned geben, niemals!

Mane: Naja, a Wasser vielleicht scho.

Max: Ok, a Wasser eventuell, owa grundsätzlich lasstma nix steh, wosma zahlt hat! Woanders verdursten d'Leit und de Krippln lassen bestes Trinkwasser steh! Unmöglich is des! *Zornentbrannte Mienen der anderen bestätigen diese radikale Auffassung.*

Rudi: *Grinsend zu Max:* Max, dir muass ja des seelisch so richtig weh dua, oder? Mehr als wia uns.

Max: Mir? Warum akkrat mir?

Rudi: Weil du den Mangel kennst aus'm Weltkrieg.

Max: Zefix! Wia oft soll i eich des no sagen: I war beim 2. Weltkrieg ned dabei!

Rudi: I moan ja den ersten!

Bertl: Hein, zahln! Etza glangts!

Der Ding von Ding

Die Globalisierung findet nicht nur in der Weltwirtschaft, sondern zwischenzeitlich auch in der Gastwirtschaft statt. Oft reicht ein kleiner, lokaler Anlass, beispielsweise eine Traueranzeige, und bis man schaut, erstreckt sich das Gespräch auf ferne Länder und sogar andere Erdteile.

Kare: Habtses glesn? Da Kumberger Kurt is gstorm!
Erwin: Wer?
Kare: No, da Kumberger Kurt! Vo Frinzing!
Max: Kumberger? Vo Frinzing? Also, des sagt mir nix. Wia alt? Unser Alter?
Rudi: *Empört:* Wos hoaßt do „unser Alter"? I bin 35 und du 73! Unser Alter! Tz … *Schüttelt den Kopf.* Wenn jemand in dein Alter is, dann is er keinesfalls in mein Alter, dass des klar is!
Max: Weilst du aso a junger Hupfer bist! Du bist ja no feicht hinter de Ohrn! *Lacht.* 35! Sei froh, dass dir überhaupt scho a Bart wachst, Bürscherl! Du Kare, wia alt war nacha der Kemburger?
Kare: Kumberger! 81 Jahr war er, da Kurt. Kennst du den ned? Den miasserst du doch kenna – des war der, der damals mit da Ding, no woaßt scho, mit da Ding, de wo mitm Doktor Dings verheiratet war – mit dera is doch da Kurt auf und davo damals! War mords a Skandal!
Max: *Sinniert kurz.* Ach, der! San de ned damals aaf Spanien, bei Nacht und Nebel? Er und de Frau vom Doktor Ding?
Kare: Marokko moane, Marokko! Eventuell Tunesien, owa eher Marokko. Obwohl, obs ned Algerien war … hm.
Max: Konn aa sei, im Prinzip is wurscht. Aaf jeden Fall war des ein Riesenskandal damals. Ihra Mo, des war a Zahnarzt … eventuell aa a anderer, aaf jeden Fall a Doktor, owa eher a Zahnarzt.
Bertl: Und der is gstorm?
Kare: Naa, ned da Zahnarzt! Da Ding is gstorm, da Kumberger Kurt!
Max: *Nach längerem Sinnieren:* Du Kare, etza muass i amal dumm fragen: Der wo damals mit dera Frau vom Doktor Ding davo is bei Nacht und Nebel, war des wirklich da Kumberger

	Kurt? War des ned da Ding, von da Baywa der? Woaßt scho, da Ding!
Bertl:	*Grübelt:* Von da Baywa? Wen moanst denn do? Den mitm Bart oder den, der wo hinkt? Weil oaner war allaweil im Büro und da ander im Lagerhaus. Ghunka hod der im Büro, moan i.
Kare:	Hinken de ned alle zwoa?
Bertl:	Naa, der mitm Bart hinkt ned! Konn sei, dass er zufällig amal ghunka hod, owa des war dann bloß vorübergehend. Mei, hinka duatma bald amal, do reicht a Hexenschuss und scho hinkst.
Kare:	Des mag sei, durchaus möglich! I hob aa scho öfter ghunka.
Erwin:	Kare, vielleicht moanst du de andern zwoa, de vom Raiffeisen-Lagerhaus, de hinken alle zwoa, ständig.
Bertl:	Genau, Erwin, genau! De hinken alle zwoa, da Ding und da ander mit da Warzn! Arme Deifln!
Rudi:	Also i bin fei da no zu jung, i konn mi an den Skandal nimmer erinnern. Wia war des mit dera Frau vo dem Zahnarzt und dem Ding da, der wo gstorm is?
Max:	Obs ned a HNO-Doktor war ... *schüttelt den Kopf* ... i glaub, a Zahnarzt wars ned.
Mane:	Du, etza wo du es sagst! I glaub aa, des war a HNO-Doktor. Weils doch damals no ghoaßn hod, wias davo is: Er hod sooo einen Hals und sie hod d'Nasn voll von eam! Haha! Jamei, wer den Schaden hat, spottet jeder Beschreibung! Und oans fallt mir aa wieder ei: De Frau vo dem Doktor Ding, de hod doch ein Riesenproblem ghabt, des war doch a offenes Geheimnis.
Rudi:	A Problem? Mit wem nacha?
Mane:	Mitm Alkohol! De hod ja drümmer Räusch ghabt! Und eines Tages ...
Max:	*Unterbricht ihn:* Mane, stopp, stopp! Etza bringst wos durcheinander! De wo gsuffa hod, des war ned de, de du moanst, des war de ander!
Mane:	De ander?
Max:	No freilich! De Frau vom Ding, vom ... no, woaßt scho, da Ding, der wo da stellvertretende Ding war von da Realschul!
Kare:	Ach de! Des war owa a Thailänderin!

Max:	Naa Kare, do täuscht du di, de war vo Philippinien!
Kare:	Hm ..., des konn aa sei, möglicherweise. Hod de gsuffa? Des is mir nei. Warum hod de gsuffa? Weil de Weiber von do unten, de saffan normal ned, de san eigentlich recht genügsam in der Regel.
Max:	Scho, owa de war a Sonderfall! Weil de war ja scho von dahoam aus wos Besseres, genügsam war de nie! Normal san ja de froh, wenns des Glück hamm und heiraten an Ding von da Realschul, owa de ned! De war wos Besseres, von da Ding her, von da Abstammung!
Mane:	Ehrlich? Wos Besseres? Inwiefern?
Max:	Ihra Voda war aso a Tempelding oder sowos ähnliches. De san do recht angesehen in Philippinien! Do wennst aso a Ding bist, aso a Art Buddha oder wia de hoaßn, do ghörst du zu de oberen 10.000! Des is wia bei uns da CSU-Landesvorstand – do stehen dir alle Türen offen. Also in Bayern, ned in Philippinien! Dafür host du in Bayern als Buddha koa Chance.
Kathi:	Also ihr reds einen Schmarrn daher, dass oan de Zehanägl aufdraht! Max, etza brauchst dann bloß no sagen, dass da Buddha bei da CSU is! *Lacht und schüttelt den Kopf.*
Max:	Etza sei du staad, wenn erwachsene Männer a Diskussion hamm!
Kathi:	*Lachend und spöttisch die Augen verdrehend:* A Diskussion! Des is doch koa Diskussion, des is a glatter Schwachsinn!
Max:	A Ruah is, Kathi!
Rudi:	Interessant, Kare, des mit dem Tempeldings, owa wia hängt jetza des mit dem Kumberger Knut zamm?
Kare:	Kurt! Kumberger Kurt!
Rudi:	Ja genau. Wia hängt jetza des mit dem zamm? Weil wenn i des richtig verstanden hob, hat ja der mit der Thaiin ...
Max:	*Mit erhobenem Zeigefinger:* Phillipperin!
Rudi:	Ja, is ja wurscht, mit dera hod der überhaupt nix zum dua, oder?
Kare:	Richtig! Mir san jetza vom Hundertsten ins Tausendsde kema mit lauterm Ratsch! Aaf jeden Fall is da Kumberger Kurt der, der wo mit dera Frau von dem Doktor Ding, dem Zahnarzt, eventuell aa HNO, aaf Spanien is!

Rudi:	Und de hod gsuffa, weils wos Besseres war?
Erwin:	*Laut:* Naa, de hod doch ned gsuffa! Gsuffa hod de von da Baywa! Oder, Max?
Max:	*Frustriert, weil ihm keiner zugehört hat:* Männer! Hörts ihr mir ned zua oder wos? Gsuffa hod de vom Ding, der wo der stellvertretende Ding von da Realschul war! De von da Baywa, de warn ja alle zwoa Junggselln! Und des is ja schier unmöglich, dass de Frau von einem Junggselln sauft! Gsuffa hod de vo dem Ding von da Realschul!
Rudi:	Aha! De hod gsuffa! Owa ned wega dem Kumberger?
Max:	Natürlich ned! De hod ja den Kumberger gar ned kennt!
Kare:	Mei, theoretisch kanntsn ja kennt haben, rein theoretisch, owa des spielt ja jetza koa Rolle!
Rudi:	Und san de dann in Spanien blieben, da Kumberger und de Frau von dem Ding? Oder in Marokko?
Kare:	Keine Ahnung. Etz is er auf jeden Fall nimmer in Spanien oder in Marokko, weil etz is er tot!
Max:	Und sie? Lebt sie no?
Kare:	Wer sie?
Max:	De, mit dera wos er davo is!
Kare:	Woaß i ned.
Rudi:	Is' in da Todesanzeige dabeigstandn bei de Trauernden?
Kare:	Des woaß i aa ned, i hobs ja bloß überflogen, de Traueranzeigen, sooo genau habes aa wieder ned glesn. I hob mir nur denkt: „Schau her, is da Kumberger Kurt gstorm!"

Der Pfarrer betritt das Gastzimmer.

Pfarrer:	Grüß Gott zusammen! Was gibts, weil alle so angespannt dreinschauen?
Kare:	Herr Pfarrer, sie kommen wie gerufen. Der Kumberger Kurt, der wo gstorm is, wer kümmert sich da um d'Beerdigung? Is da a Lebensgefährtin da oder a Wei? Und wia hoaßt de? Sie miassertn doch des wissen, weil katholisch war er, da Kurt, immer scho, aus Prinzip.
Pfarrer:	Wer?
Kare:	No, da Kumberger Kurt, der wos heit in da Zeitung steht, gstorm mit 81 Jahren!

Pfarrer:	Ich weiß nicht, welche Zeitung Sie haben, aber wir haben momentan nur einen Sterbefall und das ist Kurt Kamberger.
Kare:	Ach, Kamberger! Den kenn i ned, dann hob i mi verlesen.
Erwin:	Kamberger? Kamberger? Hod der a Philipperin gheirat oder is der bei da Baywa? Und vor allem: Hinkt der?
Bertl:	Kathi, zahln! Etz glangts!

Der Ausflug

Erwin: Du, Kare, wia schauts denn eigentlich in der Stammtischkasse aus?

Max: Ja genau! Herr Schatzmeister, samma liquid? Oder eher insolvent?

Kare: Zufällig hob i gestern an Kassensturz gmacht, mir verfügen über 371 Euro und 12 Cent momentan!

Mane: Des is a Haffa Holz. Wos machma damit? Ned dass zu viel wird! Ned dassma a Steuerprüfung hamm und dann zwackt uns des Finanzamt wos weg, weil trauen derfst du denen ned! De hamm ein einnehmendes Wesen!

Pfarrer: Wir könnten einen Teil für wohltätige Zwecke spenden. *Keinerlei Begeisterung ist bei den restlichen Anwesenden erkennbar.*

Max: Also nix für unguat, Hochwürden, owa des is eigentlich ned unser Satzungszweck, eigentlich überhaupt ned!

Pfarrer: *Völlig überrascht:* Was??? Wir haben eine Stammtischsatzung?

Kare: Des ned, owa trotzdem! Ausgmacht war seinerzeit, dass mir Aktivitäten macha, wenn des Geld glangt. Des war ausgmacht, oder? *Sofortiges zustimmendes Nicken aller.*

Max: Herr Pfarrer, des stimmt haargenau! Des können Sie natürlich ned wissen, da können Sie owa nix dafür, weil Sie warn ja damals ned Pfarrer bei uns, wia des ausgmacht worden is. Da san Sie ned schuld, tun Sie sich nicht hinab!

Pfarrer: *Nicht begeistert, aber einsichtig:* Ach so, ja dann.

Erwin: Also Leit, was tuen wir mit dem Diredare?

Rudi: Und wenn mir wieder amal an Ausflug macha daadn? Des waar doch wos.

Kare: Hm ... an Ausflug? Koa schlechte Idee. Wohi?

Pfarrer: Altötting?

Kare: Herr Pfarrer, also mit Verlaub: Da Rudi hat an Ausflug vorgeschlagen und koa Wallfahrt! Wallfahrten kann jeder privat, so viel er mag, owa wenns um Stammtischaktivitäten geht, die wo von der Kasse finanziert werden, dann solls scho a Gaudi sei! Nix gega Altötting, owa a Gaudi herrscht da eher ned!

Pfarrer: Gut, gut, war ja nur ein Vorschlag!

Kare:	Passt scho. Sie hamms ja guat gmoant. Owa aaf Altötting fahrma definitiv ned! Rudi, zu deinem Vorschlag mit dem Ausflug: Wohi daadst denn moana? Wia stellst du dir des Programm vor, konkret?
Rudi:	Mei, nix Spektakulärs, weil sooo weit kema mit 370 Euro aa wieder ned.
Kare:	371 Euro und 12 Cent!
Rudi:	Macht's Kraut aa ned fett! Also, folgender Vorschlag: Mir könntma zum Beispiel mit zwoa Auto nach Wiesling fahrn, dann machma durt beim Schupfawirt an gepflegten Frühschoppen, dann wandern mir gmiatlich vom Marktplatz aus auf d'Wetterspitz aufe, dann machma oben a gscheide Brotzeit, dann gema wieder owe und fahrma gmiatlich hoam. Zerst machma natürlich no a gscheide Brotzeit! Waar des nix?
Pfarrer:	Das hört sich gut an! Aber bitte nicht an einem Sonntag, sonst kann ich ja nicht mitfahren!
Kare:	Des is klar, Hochwürden, des is klar, des geht in Ordnung. Nehma einen Samstag und aus die Maus!
Max:	Also Leit, vo mir aus machts, was wollts. Owa den Vorschlag vom Rudi, denn kann i ned mitmacha, do miassts ohne mi fahrn.
Mane:	Ja, warum des? Hast du a Problem mit Wiesling?
Max:	Mit Wiesling weniger, owa mit mein Knia! I hab doch vor 6 Wochen a neis Knia kriagt! I kimm ned amal no am Dachboden aufe, geschweige denn auf d'Wetterspitz! Also da miassts ohne mi fahrn. Obwohl dass i gern dabei waar, des muass i scho sagen. I war immer gern dabei, wennma wo warn, immer.
Erwin:	Max, ohne di gehts ned! Und außerdem bist du Gründungsmitglied! A Ausflug ohne di is a absolutes No-Go?
Max:	A wos?
Erwin:	Du muasst dabei sei und aus!
Mane:	Des stimmt! Ohne Max fangma gar ned o. Rudi, dei Vorschlag war gut gemeint, owa segstas ja selber: Geht nicht!
Rudi:	Scho klar, des seh i ei. I hob ja bloß gmoant.
Kare:	Dann daad i um weitere Vorschläge bitten!
Kathi:	I hätt an Vorschlag!

Kare:	*Dreht sich um zur an der Theke stehenden Kathi.* Du? Ja, lass hörn!
Kathi:	I schlag vor, i bring eich a Rundn Obstler, der fördert des Denkvermögen!
Kare:	*Unter dem zustimmenden Gelächter der anderen:* Jawoll, des is a Spitzenidee – her damit! Denn wia sagt ein altes Sprichwort: Kannst du nicht klar denken, must dir einen Schnaps einschenken! Haha!
Pfarrer:	Mir nur einen einfachen, keinen Doppelten!
Kathi:	Scho klar, sieben Doppelte, einen katholischen! Kommen sofort!
Max:	Sieben Doppelte? Mir san owa bloß sechse!
Kathi:	I daad aa oan mittrinka, wenns genehm waar!
Kare:	*Lachend:* Ja selbstverständlich, Kathi, schenk dir oan ei, geht aaf uns! *Alle nicken zustimmend, da die treue Seele Kathi einen Schnaps verdient hat.* Also Leit, dass mir weidakema: Gibts andere Vorschläge?
Bertl:	Und wenn mir amal a bissl kulturmäßig wos macha?
Kare:	Kulturmäßig? Wia moanst etza des? Des muasst uns scho näher erläutern.
Erwin:	Ja genau, des sagt etza mir aaf Anhieb aa nix, kulturmäßig. A Konzert oder wos?
Bertl:	Naa, koa Konzert, owa mir könnten zum Beispiel mit zwoa Auto nach München fahrn und den ganzen Tag im Deutschen Museum verbringa, des is total interessant, des muassma amal gseng haben! Und dann, am späten Nachmittag, gema zum Dämmerschoppen ins Hofbräuhaus und danach fahrma wieder hoam. Waar des nix, ha?
Mane:	Ja, und wer soll dann hoamfahrn? Moanst du, dass sich da oaner opfert und nix trinkt im Hofbräuhaus, akkrat wenns nix kost! Also den Blädl möcht i seng!
Pfarrer:	Also ich würde mich als Fahrer zur Verfügung stellen. *Betretenes Schweigen, da sich der Herr Pfarrer als Blädl geoutet hat. Kathi nutzt die kurze Pause und stellt den Schnaps auf den Tisch, man trinkt unverzüglich aus und prostet dabei Kathi zu, die die Gläser wieder einsammelt und mitnimmt.*
Kare:	Naa, Herr Pfarrer, des kimmt gar nicht in die Tüte! Des ehrt Sie zwar, dass Sie Verzicht üben daadn, owa des Opfer kann

	niemand von Eahna verlangen. Außerdem brauchma ja eh zwoa Fahrer!
Pfarrer:	Ich wollte nur helfen.
Rudi:	Und wenn mir mit an Taxi fahrn? Aso a Großraumtaxi, wo mehra einepassn?
Max:	*Höhnisch:* Taxi??? Großraum??? Ja freilich, mitm Taxi auf Minga! Host du no alle? Da langa ja de 370 Euro grad für de Fahrt, wenn überhaupt!
Kare:	371 Euro und 12 Cent!
Max:	De langa a ned! Und außerdem is des für mi vo Haus aus nix, den ganzen Tag im Deitschen Museum – unmöglich! I konn mit mein neia Knia niemals so lang steh!
Mane:	Ja fix, Max – geh konnst ned, steh konnst ned, wos konnst denn du überhaupt?
Max:	*Erzürnt:* Ja mei, i konn aa nix afür, dass i a neis Knia braucht hab! Wart no, wennst du amal so alt bist wia i, dann redma weida!
Mane:	Wenn i so alt bin wia du jetza, dann bist du 101! Viel werma dann mir zwoa nimmer reden, höchstens i a Selbstgespräch, weil du bist nimmer da!
Max:	Warts ab! Internistisch bin i no fit! Und teilweise naglnei, mei Knia zum Beispiel! Wenn i 101 bin, is mei Knia im besten Alter!
Kare:	Etza daads ned umanandadiskutiern, des führt zu nix! I find aa, des München, des is nix, des haut einfach ned hi. I hätt an ganz an andern Vorschlag: Und wennma einfach unsere Gattinnen einladen daadn und mit denen amal so richtig schee zum Essen geh daadn?
Erwin:	Des is keine schlechte Idee! Dann hamm de aa a Freid.
Mane:	*Energisch:* Ja, und i? I hob ja koa Gattin!
Erwin:	Dann nimmst dei Muada mit!
Mane:	I glaub, du spinnst! Soweit kaams no – ihr mit eiere Weiber und i mit da Muada! Mir wennst ned gangst!
Kare:	Ja und? Da Herr Pfarrer hod a koa Wei ned! Gell, Herr Pfarrer?
Pfarrer:	Zwangsläufig! Ich würde halt dann meine treue Haushälterin Gunda mitnehmen. Die würde sich bestimmt freuen,

	wenn sie einmal nicht kochen müsste, sondern selber zum Essen eingeladen würde.
Kare:	Genau! Also i könnt mir des echt schee vorstellen: Sitzma an einem gmiatlichen Abend mit de Damen zamm, bstellma a Fünf-Gänge-Menü, essma in aller Ruhe, ohne Stress, und könnma uns stundenlang über Gott und die Welt unterhalten!
Max:	Also i sag eichs glei: Do konn i ned mitkema, weil so lang konn i ned sitzn mit mein neia Knia!
Kare:	Ja kruzenäsn – geh konnst ned, steh konnst ned und sitzen konnst aa ned! Dann fahrma in a Wellnesshotel, do kannst dann den ganzen Dog aaf da Liege liegen und kannst di massiern lassen!
Max:	Liegen is aa nix, do duat mir mei Kreiz weh!
Bertl:	Kathi, zahln! Etza glangts!

Dein Freund und Blitzer

Kare, von Haus aus eine Frohnatur und eigentlich stets guter Laune, betritt später als gewohnt den Unterwirt. Seine Miene verrät: Ihm ist eine gewaltige Laus über die Leber gelaufen! Wort- und grußlos setzt er sich an den Stammtisch. Auf die Frage von Kathi, was er trinken möchte, raunzt er ihr nur barsch das Wort „Bier" zu. Aber seine Freunde lassen ihn nicht hängen in seinem Frust, sofort wird nachgefragt, was die Wurzel des Zornes ist.

Max: Ja Kare! Wos bist denn gar so grantig heit? Aso kenn i di ja gar ned! Lass außa dein Grant, des erleichtert!
Erwin: Des stimmt! Wos is denn los mit dir, bist krank?
Kare: *Grantig:* A Depp bin i, a Volldepp! Und d'Polizei is hundsgemein! Hinterlistig bis dort hinaus! Kreizkruzenäsn!
Pfarrer: *Schockiert:* Karl-Heinz! Ich darf doch sehr bitten! Keine Flüche in meiner Gegenwart! Und merke dir: Fluchen macht nichts besser!
Kare: *Etwas ruhiger:* Ja, scho klar, Herr Pfarrer. Owa sans mir ned bös, i könnt mi einfach dermaßen ärgern, dass aus is! Am meisten über mi selber, des is ja des!
Max: Wos war denn nacha mit da Polizei? Erzähl!
Kare: Könnts eich no erinnern, wia i eich vor a paar Wochen erzählt hab, das mi blitzt hamm, zwischen Frinzing und Frunzing? Kinnts eich do no erinnern dran?
Mane: Äh, ja, dunkel konn i mi no erinnern. Du hast doch damals gsagt, dass de koa Chance ned hamm, weil du warst ja hundertprozentig ned zu schnell, des hast doch gsagt damals.
Kare: Genau! Und i war aa ned zu schnell! Owa a Depp war i!
Max: Also i konn mi fei nimmer erinnern, wia du des erzählt hast. War i do ned do?
Kare: I glaub, du warst ned do, stimmt. Pass auf, es war aso: I fahr in da Dämmerung vo Frinzing nach Frunzing …
Rudi: Warum?
Kare: Wos warum?
Rudi: Warum bist du in da Dämmerung von Frinzing nach Frunzing gfahrn?
Kare: Keine Ahnung, des woaß i nimmer, des is aa völlig wurscht!
Rudi: I hob ja bloß gmoant!

Kare:	Auf jeden Fall: Do is doch durchgehend auf 70 beschränkt.
Mane:	Total sinnlos is des! I hob mi scho oft gfragt, warum do auf 70 beschränkt is, scho oft! Grad im Summer, wenns ned glatt is, gibt de Streck locker 100 her, eher mehr! Also 100 locker! Im Winter vielleicht 95.
Pfarrer:	*Mahnend:* Vorsicht ist die Mutter der Porzellankiste!
Mane:	Owa doch ned im Summer!
Kare:	Etza unterbrechts mi ned und lassts mi weitererzähln! I fahr vo Frinzing nach Frunzing, es is umara halbe achte aaf d'Nacht. Es war no hell, owa scho mit Tendenz zu duster.
Max:	Zwielichtig halt!
Kare:	Genau, zwielichtig! Kimmt mir oaner entgegen vo Richtung Frunzing nach Frinzing und blendet mir auf. Zuerst hob i mir no denkt: „Kennt der mi oder wos?" Owa des war a Auswärtiger.
Erwin:	A Auswärtiger? Woher?
Kare:	Genau woaß i des aa ned, Autokennzeichen hod er ghabt B-NO-12, an des konn i mi no erinnern.
Mane:	Oläck, a direkter Preiss! A Berliner aa no, de sagen icke anstatt i und jut anstatt guad, ein Kauderwelsch sondersgleichen!
Kare:	Ja, des scho, owa des is jetza in dem Fall wurscht. I hob mir no denkt: „Hörausch, des is a Fremder und der blendet mir auf? De Hundlinge blitzen scho wieder! Kare, tu langsam!"
Mane:	Des stimmt, do blitzens oft, obwohl de Streck im Summer locker 100 hergibt, eher mehr! Grad, wennma ned damit rechnet, blitzens, de Hammeln! Zack – scho bist fett! Reine Wegelagerei! Wia da Robin Hood im Mittelalter, owa der hats wenigstens de Armen gem! Also blitzt hod der natürlich ned, der hod de Reichen überfallen, owa ned weil er kriminell war, eher a Kommunist.
Kare:	Ja genau! Und i geh owa vom Gas und fahr gmiatlich mit ca. 62 km/h weida. „Burschen", hob i mir denkt, „wenns ihr mi blitzen wollts, dann miassts früher aufsteh!" Weil gottseidank gibts no Preißn mit einem Anstand, die wo aufblenden bei Blitzgefahr!
Max:	Es gibt aa Preißn mit einem Charakter, do duat man den Preißn oft Unrecht. De san ned alle ohne Anstand!

Rudi:	Genau! Und, Kare? Wia gehts weida? Warum bist nacha heit so saugrantig? War dei Tacho hi und warst trotzdem zu schnell dran oder wos?
Kare:	Spinnst etz? Mei Tacho war doch ned hi, der funktioniert einwandfrei! I fahr aso dahi, gmiatlich, plötzlich, aus heiterem Himmel: Zack! Der typische rötliche Blitz der Obrigkeit! „Sakaradi!", denk i mir, des …
Pfarrer:	Karl-Heinz!
Kare:	Jaaa, tschuldigung! „Leck mich!", denk i mir, „etz hamms mi blitzt! Wia des? I fahr doch bloß 62! Solcherne Deppen, des bringt doch denen nix!" Des hob i mir no denkt, weil des hod doch koan Sinn! Und gwundert hob i mi aa, weil normal blitzts bloß, wennma zu schnell dran is.
Erwin:	Ja eben!
Max:	Genau! Dann frag i mi scho, wieso des bei dir blitzt hat.
Kare:	Des hob i mi aa gfragt. Und weil i Zeit ghabt hob, hob i mir denkt: „Etza drah i um und fahr noml vorbei! Und zwar mit 50 km/h, obs dann noml blitzt!
Erwin:	Des ist a guade Idee! Und?
Max:	Do bini etza scho gspannt, obs bei 50 aa blitzt hod!
Kare:	Wennes eich sag: Wieder hods blitzt!
Rudi:	Hod dir wieder a Preiß vorher aufblend?
Kare:	*Irritiert:* Wos? Naa, desmal ned, owa des is ja jetza wurscht! Auf jeden Fall hob i mir denkt: „Ja gibts des aa, sogar bei 50 km/h blitzts!" Und dann wollts i genau wissen und bin wieder umkehrt und bin mit 30 km/h vorbeigfahrn an dera neuralgischen Stelle. Und übermütig war i aa no und hob a Gfries gmacht in Richtung Kamera, a Grimasse praktisch, so quasimodoartig.
Mane:	*Lachend:* Du bist ein Vogel! Und? Hods wieder blitzt?
Kare:	Ob ihr des glaubts oder ned: Wieder hods blitzt! Bei 30! Des is praktisch Schritttempo, do stirbta fast ab! Des muasst dir amal vorstelln: Dir stirbt vor lauter Langsamkeit fast da Motor ab und dann blitzts! Do moanst, du bist im falschen Film!
Max:	Des gibts doch ned, spinnen de oder wos? Verblitzen den ganzen Film für nix und wieder nix! De spinnen doch!

Kare:	*Wieder grantig:* Des mag scho sei, owa da Oberdepp bin i! I ganz alloa! A Volldepp bin i! Fahr i do dreimal vorbei, beim dritten Mal sogar mit einem Gfries wia da Quasimodo! I bin so ein Depp!
Max:	Is doch wurscht, de können dir ja nix anhaben, du warst ja ned zu schnell dran!
Kare:	De können mir scho was anhaben, weil i a Depp bin!
Max:	Ja warum denn, um Gottes Willen?
Kare:	Heit san drei Briaf kema vom Polizeiverwaltungsamt oder wia des hoaßt. Jeder Briaf mit Bitte um Stellungnahme und Foto, des dritte mit Gfries!
Max:	Ja und? Wia schnell warst denn dran?
Kare:	Keine Ahnung, des hamms ned hingschriem. Owa i war dreimal ned angschnallt! De hamm de Gurtpflicht kontrolliert!
Bertl:	Kathi, zahln! Etza glangts!

Schöne Zeiten

Ein beliebtes Gesprächsthema bei Frauenrunden sind Einkaufserlebnisse und Männer, das nehme ich zumindest an, wenn ich davon ausgehe, was mir meine Frau erzählt, wenn sie von ihrem „Mädels-Stammtisch" heimkommt – und sie erzählt mir viel!
Nicht so bei Männerrunden! Bei deren Gesprächen spielt das schöne Geschlecht eine eher untergeordnete Rolle, das Einkaufen überhaupt keine. Fußball, Politik oder einfach nur Blödsinn sind hier die Favoriten. Auch Erlebnisse aus der eigenen Jugend werden gerne zum Besten gegeben – und kräftig ausgeschmückt, um den Unterhaltungswert zu steigern. Manche Erzähler schießen dabei auch über das Ziel hinaus, insbesondere wenn zwei, drei Halbe Bier die Phantasie beflügeln.

Erwin: Eigentlich tuns mir leid!
Mane: Wer? Wer duat dir leid?
Erwin: De heutigen junga Leit! Alles hamms, owa a Gaudi hamms ned, a Freid am Leben! Den ganzen Dog ins Handy einegaffa, owa nix erleben! De san wia Zombies!
Max: Do host du recht! Erwin. Do host du vollkommen recht! I wenn an mei Jugend zruckdenk, do war no was geboten! Mei, wosma mir alles gmacht hamm – alles hamm mir gmacht, alles! Wos mir gmacht hamm, des machens ja heit gar nimmer!
Kare: *Begeistert vom Thema:* Mir aa! Eigentlich a Wahnsinn, wos mir alles gmacht hamm! Zum Beispiel schwarzgfischt. Mit der blanken Hand hamma drümmer Hechtn außazogen aus dem Frinzinger Bacherl, drümmer Hechtn! *Deutet mit den Armen eine Länge von ca. einem Meter an.*
Max: Drümmer Hechtn? Aus dem Frinzinger Bacherl? Des glaub i etza fei ned, Kare. In des bisserl Wasser, des da drin dahipritschelt, passt doch koa drumm Hecht eine! Da war doch no nie a Hecht drin!
Kare: Oder wars a Forelln? Eventuell wars aa a Forelln, so genau woaß i des aa nimmer, is ja doch scho lang her.
Max: Owa dann koa drumm Forelln!
Kare: Also, a Fisch wars aaf jeden Fall, des konn i beschwörn! Von da Länge her bin i mir nimmer ganz sicher, es könnt aa a

	kurzer gwesn sei. Is ja wurscht, unser Jugendzeit war einfach spannender wia de heutige.
Erwin:	Owa tausendprozentig! Mir warn zum Beispiel als Kinder stundenlang im Wald, tagelang oft!
Max:	Und wos habts gmacht im Wald?
Erwin:	Allerhand! Manchmal mehr, manchmal weniger.
Max:	Des glaub i, wos zum Beispiel?
Erwin:	Baumburgen hamma baut, mords Baumburgen!
Max:	Oläck!
Erwin:	Wennes dir sog! Mir hamm von dahoam Bretter stibitzt und Latten und an Hammer und Nägel, dann samma in den Wald damit und hamm a Baumburg baut. Du, de war voll stabil! Do samma dann drin gsessn und hamm uns gfühlt wia da letzte Mohikaner! Zu viert warma: Da Hans, da Franz, da Bernd und ... *sinniert* ... ja Mensch, wer war jetza da vierte Mann?
Max:	Du vielleicht?
Erwin:	Ja freilich, i wars! Etza, wo du des sagst, fallts mir wieder ei. *Schwärmerisch:* Mei, war des a scheene Zeit! Ernährt hamma uns vo Beeren, trunka hamma glasklares Quellwasser, manchmal aa a Sunkist oder a Capri-Sonne, es war ein Traum!
Max:	Und heit fressens Christl Spied und saufen Wodka Red Dingsbums! Mi wundert nix mehr! Wos habts nacha für Beeren gessn, Erwin?
Erwin:	Mei, Himbeeren, Erdbeeren, wos uns halt d'Mama dahoam zammgricht hod in der Tupperschüssel! Manchmal aa a Bounty! Und des klare Quellwasser war von Kondrauer, des is bei uns im Keller gstandn und mir hamm uns a Flaschn mitgnumma in den Wald, schee wars! Mir warn so umara 10 Jahr alt, unbeschwert und den Kopf frei von Problemen und Weibern! I wenn so zruckdenk, zum Beispiel an de Übernachtung im Baumhaus, Wahnsinn!
Kare:	Habts im Baumhaus übernachtet? Mit 10 Jahren, mitten im Wald?
Erwin:	Beinah! Mir hamms fest vorghabt. Mir hamm sogar von dahoam a Brotzeit mitgnumma ghabt, a Butterbrot mit Schnittlauch und je oa Pfälzer, owa leider koa Taschen-

lampn. Und wias dann dunkel worn is, samma schlagartig hoam. Weil da Franz hod gsagt, er hört wos und des könnt a Bär sei oder sowos ähnliches. Uns is d'Muffe gscheit ganga!

Max: *Lacht.* A Bär! Bären gibts doch gar ned bei uns!

Erwin: Des hamm mir mit 10 Jahren ned gwisst, rückwirkend woaßes aa! Owa mir warn ja no glatte Deppen, wos Bären betrifft und aa insgesamt. Mir hamm ja de zeitlichen Zusammenhänge im Tierreich überhaupt ned gwisst. I war zum Beispiel als kloana Bua der festen Meinung, dass no Dinosaurier gem hod, wia mei Opa a kloaner Bua war. Und wos des Fiese is: Mei Opa hod des nie bestritten, der hod mi in dem Glauben lassen! Amal hod er mir erzählt, a Brontosaurus hod sei Kuah gfressn! Und i Hanswurscht hobs glaubt! Obwohl mei Opa gar koane Kiah ghabt hod! Also oane scho, owa de hod ja meiner Meinung nach da Saurier gfressn! I war so ein Hanswurscht! Owa schee wars trotzdem!

Kare: Es is oft gscheida, wennma ned alles woaß! Und man is zufriedener. Etza sog eich wos: I war des erste Mal in meinem Leben mit 16 Jahren im Ausland, mit 16! Und zwar war des de Abschlussfahrt von der Realschul, nach Salzburg. Mir is des vorkema wia Australien! Und heit? Meine zwoa Neffen, oaner 11, da ander 12, warn letzdings bei mir dahoam zu Besuch. Hobes gfragt: „Und, Krischan und Yannik, wia schauts aus? Wissts scho, wo ihr heier in Urlaub hifahrts?" Dann machens alle zwoa a enttäuschte Lätschn und sagen: „Pfff, scho wiiieder auf d'Seychellen!" So weit samma heitzudogs! I hob mi mit 16 aaf Salzburg gfreit wie ein Schnitzel und de machen mit 11 Jahrn a Lätschn, weils aaf d'Seychellen miassn, so weit samma! I war bis heit no ned aaf de Seychellen! I möcht gar ned hi – de Hitz! Und des Essen, lauter Fisch und so Zeig!

Max: Des is des! De san mit nix mehr zufrieden. Is doch mitm Essen des Gleiche! Wia i aso a Bua war, do war a Wurscht wos ganz wos Bsonders, a Delikatesse! Von wegen Kaviar! Unser Kaviar war der Pressack! A Blunzn Pressack, des war a Highlight!

Kare: Und am Freitag hods koa Fleisch geben und koa Wurscht!

Max: Genau! I war der festen Meinung, wenn i am Freitag a Wurscht iß, kimm i sofort in d'Hölle! Und mei Oma hod gsagt, do sitz i dann aaf an Stuhl mit lauter Nägel, de mit da Spitz nach oben schaun, nackert! Und vor dem Stuhl sitzt a Deifl und kitzelt mi mit einer Gänsfeder, bis i narrisch werd, weil i bin gfesselt und konn mi ned kratzen! So einen Schmarrn hodma glaubt!

Mane: Owa schee wars! Obwohl: I bin a bisserl jünger, bei mir wars scho anders! I hob am Freitag a Wurscht gessn als Kind, mir warn scho liberaler damals.

Rudi: Und? Bist in d'Hölle kema?

Mane: Bis etza ned!

Max: Wos ned is, des konn no kema! *Befreiendes Lachen von allen, außer dem Pfarrer, der sich bis jetzt nicht geäußert, sondern nur das Gespräch aufmerksam verfolgt hat.*

Pfarrer: Meine Herren, scherzen Sie nicht über die Hölle! Keiner von uns weiß, was uns nach dem Tod erwartet, aber ich bin überzeugt davon, dass es so etwas wie die Hölle gibt, in welcher Form auch immer.

Kare: Des is scho klar, Hochwürden, man red ja bloß. Owa weil mir grad beim Thema Wurscht warn: De Kinder heitzudogs, de wissen ja a Wurscht nimmer zu schätzen! I wenn als Bua a Wurscht am Brot draufghabt hab – und wenns bloß a grobe Streichwurscht war –, i hob gmoant, i bin da King! Und heit? „De moge ned, de schmecktma ned, de is z'fett, de schaut ned guat aus, de hod zu viel Nitrat, gega de bin i algerisch", und so weiter und so fort, solcherne Aussagen hörst du heit von de Kinder! I hätt als Kind alles gessn, alles! *Beifälliges Nicken der anderen Allesfresser.*

Mane: Wissts, wos i erlebt hob? Des is nicht zu glauben, wos i erlebt hob! I war beim Metzger und hob mir a Lüngerl kafft, a sauers Lüngerl.

Max: A Lüngerl is wos ganz wos Guads! De gibts tafelfertig, brauchst bloß aufwärma, ein Genuss!

Mane: Genau! Steht neba mir a Frau, und zwar a Frau, wo i mir sofort denkt hob: „Oweh, des is a typische!" Und de Frau hod a Kind dabei ghabt, so umara fünf Jahr. Aa typisch, des Kind, zum Einehaun, unsympathisch bis zum Gehtnichtmehr.

Erwin: A Bua oder a Deandl?

Mane: Des hodma ned sicher sagen kinna, eher a Bua, owa i möchts ned beschwörn. Is aa wurscht, etz passts auf: Sagt de Metzgereifachverkäuferin freindlich zu dem Kind: „Magst a Wienerl?" Sagt des Kind: „Nein, ich bin vegan!" I hob mir denkt, i hör ned recht! Fünf Jahr und scho vegan! Wos soll denn aus dem Kind amal wern!? I wenn mit fünf Jahrn in da Metzgerei zu da Metzgereifachverkäuferin gsagt hätt „i bin vegan" und hätt des Wienerl ned gnumma – mei Muada hätt mi zur Adoption freigem! A Wienerl! Des war in meiner Kindheit a Geschenk des Himmels! Mir duat bloß de freindliche Metzgereifachverkäuferin leid! De konn doch a Kind ned fragen: „Magst an Tofu?", oder?

Max: Des gibts doch ned! *Schüttelt frustriert den Kopf.* Wo soll denn des no hiführn, ha? Wennma einem Kind mit einem Wienerl keine Freid mehr macha konn, dann kinnma eipacka, dann guat Nacht!

Erwin: Weils koan Hunger mehr kenna! Hamm ja alls! A Handy, a Tattoo, an Account, alls!

Kare: Und mir hamm nix ghabt, owa dafür a Freid! A Freid hamm mir ghabt, aa an den kleinen Dingen! Zum Beispiel an Kaulquappen.

Max: An Kaulquappen habts ihr a Freid ghabt??

Kare: Jawoll, an Kaulquappen! Bei uns im Dorf war aso a Weiher, heit daadma sagen a Biotop, damals wars a Weiher. Und do warn Kaulquappen drin, Millionen, um nicht zu sagen Tausende! Und do hamm mir so eine Freid ghabt mit de Kaulquappen. Mir persönlich hod a Kaulquappe amal a Fuchzgerl eibracht!

Max: Wia des?

Kare: Mir warn zu sechst damals, i und no fünf. Und de Kaulquappen warn scho ziemlich fett, so kurz vor der Verpuppung oder wia des hoaßt.

Max: Des san eher d'Schmetterling!

Kare: Konn aa sei, des warn aaf jeden Fall Kaulquappen, is aa wurscht. Aaf jeden Fall warns scho ganz fett, kurz bevor dass a Frosch wern. Und i hob gsagt, aus Übermuat, wiama halt als Kind is, i hob gsagt, wenn mir jeder a Zehnerl gibt, dann

	iß i a lebendige Kaulquappe. Zahlt hamms und i hobs gessn! Und a Fuchzgerl war damals viel Geld! Mir war zwar am nächsten Dog no schlecht, owa a Fuchzgerl is a Fuchzgerl!
Max:	Hättst a bisserl gwart, bis a Frosch worden waar, dann waars a Delikatesse gwesn!
Bertl:	Kathi, zahln! Etza glangts!

Zweites Gerücht:
Der Führerscheinentzug

„Bad news are good news", wie es auf Altbairisch so schön heißt. Der Mensch an sich ist komischerweise für eine schlechte Neuigkeit empfänglicher als für eine gute. Da ist auch der Stammtisch beim Unterwirt keine Ausnahme. Erwin kommt heute etwas später, denn er hat etwas vermeintlich Schlimmes beobachtet und er ist sich sicher, dass er der erste ist, der das gesehen hat.
Demzufolge kann er es kaum erwarten, die Top-Neuigkeit an den Mann bzw. an die Männer zu bringen.

Erwin:	So, etza hammsna dawischt! Eigentlich war des scho lang klar, dass er irgendwann fällig is! Weil dass des auf Dauer ned guatgeh kann, des is logisch, des segt a Tauber! Und etza is halt soweit: Der Krug geht so lange zum Brunnen, bis der Letzte am besten lacht! Übermut tut selten gut! *Genießt die erwartungsvollen Blicke der Ahnungslosen.*
Kare:	Wos? Wer? Wia? Etza sag halt: Von wos redst denn du überhaupt?
Max:	Genau! Wos is denn los? Wer is fällig?
Erwin:	Da Holzer Hans!
Mane:	Wos für a Holzer Hans?
Kare:	I kenn koan Holzer Hans.
Erwin:	No, da Holzer Hans! Der wo letzte Woch beim Preisschafkopf de halberte Sau gwonna hod.
Max:	Ach, da Rumplbauer Hans!
Erwin:	Ja genau, der!
Kare:	Dann sags halt glei! Holzer Hans! Koa Mensch sagt zum Holzer Hans Holzer Hans. Alle song Rumplbauer zu dem.
Erwin:	Owa offiziell hoaßt doch der Holzer.
Max:	Ja, scho! Owa da Hausnam is Rumplbauer.
Erwin:	*Genervt:* Ja, vo mir aus dann da Rumplbauer Hans!
Kare:	Und wos is nacha mit'm Rumplbauer Hans?
Erwin:	A Hammer, i sogs eich! I geh grad zum Unterwirt …
Max:	*Unterbricht ihn:* Bist du z'Fuaß do heit?
Erwin:	*Irritiert:* Äh, ja, z'Fuaß.

Mane:	Warum?
Erwin:	*Noch irritierter, da er endlich die schlechte Neuigkeit an den Mann bringen will:* Wos? Ja, weil a scheens Weda is heit! Drum hob i mir denkt, geh i z'Fuaß, a frische Luft schad ned und a paar Kalorien sans aa!
Pfarrer:	Man sollte öfter zu Fuß gehen! Der Herrgott hat uns die Füße nicht geschenkt zum Gas geben und bremsen, sondern um damit zu gehen!
Max:	Genau, Hochwürden, der Mensch is zu bequem! In Amerika gibts Kinder, de san so wampert, dass du sagst gibts des! Und des is koa Wunder ned, weil de gehen keinen Meter! Und mit 16 derfans durt scho den Führerschein macha, dann hockens mit drei Liter Cola und fünf Burger im Auto und dann zreißtses eh!
Bertl:	Des gibts scho bei uns aa! Bei uns in da Straß, ganz hinten, wo fast scho da Wertstoffhof is, da wohnt a Familie – a Wahnsinn! I hob amal den Buam beobachtet: Der hod in zehn Minuten sechs Mohrenköpf gfressn!
Pfarrer:	Das darf man nicht mehr sagen!
Bertl:	Entschuldigung, gegessen natürlich!
Max:	Mohrenköpf derfma nimmer sagen, du Hanswurscht! Do sagtma etza Schaumwaffel mit Schokoladenüberzug oder so ähnlich.
Bertl:	Aha! Aaf jeden Fall hod er sechs gfressn! Mi wundert nix mehr!
Max:	I hob amal glesn, wennma jedes Mal, anstatt den Fahrstuhl zu benutzen, de Treppe aufegeht, dann san des im Laufe des Lebens minus 50.000 Kalorien, mindestens, je nach Fahrstuhl und Treppe! Des miassts eich amal vorstelln!
Bertl:	Der fette Bua beim Wertstoffhof, der fahrt nur Fahrstuhl, do kannst du Gift drauf nehma! Und während dem Fahrstuhlfahrn frisst er dann no Schaumdinga mit Schokodings!
Max:	Ja genau!
Erwin:	*Der der sinnlosen Kommunikation über fette Kinder und Fahrstühle genervt zugehört hat:* Ja fix – *vorwurfsvoller Blick des Pfarrers* – wollts etz wissen, wos dem Holzer Hans passiert is oder ned?
Max:	*Mit erhobenem Zeigefinger:* Dem Rumplbauer Hans!

Erwin:	*Noch genervter:* Jaaa, dann halt dem Rumplbauer Hans! Wolltses wissen oder ned?
Max:	No freilich wollmas wissen, erzähl endlich!
Erwin:	Also: I geh grad zum Unterwirt, seh i do vorn beim Parkplatz vom Netto, wias grad den Holzer Hans ...
Max:	Rumplbauer!
Erwin:	*Frustriert den Kopf schüttelnd:* Rumplbauer Hans, wias den im Clinch hamm, also so guat wia im Clinch: De hamm den in flagranti dawischt!
Kare:	Wer?
Erwin:	Wos wer?
Kare:	Wer hod den dawischt?
Erwin:	D'Polizei!
Kare:	D'Polizei? Ja, wia des? Warum dawischt, hod er wos angstellt oder wos?
Erwin:	Warum? Warum wohl – bsuffa war er! Du, der war so bsuffa, dass er sich aaf der Motorhaum vo dem Polizeiauto abstützen hod miassn! Der is regelrecht über der Motorhaum ghängt.
Max:	So bsuffa?
Erwin:	Wennes eich sag! I hobs ned ganz genau gseng, weil i war ja auf der anderen Straßenseitn, owa i glaub, der hod sogar speim miassn! Also von der Körperhaltung her hod der speim miassn! Der is über der Motorhaum ghängt, hundserbärmlich!
Mane:	Und sei Auto?
Erwin:	Des is daneben gstandn, mit Warnblinkanlage, do hammsna wahrscheinlich vorher scho außazogn, weil i schätz, der hod vor lauter Rausch nimmer selber aussteigen kinna.
Max:	Echt? Dermaßen bsuffa?
Erwin:	Hackedicht! Owa wundert eich des? Mi wundert des ned, mi ned. Mi wundert eher, dass den ned scho früher dawischt hamm, der is doch ständig bsuffa unterwegs!
Kare:	Des hob i aa scho ghört!
Mane:	Dass den dann ned scho eher dawischt hamm?
Max:	*Geheimnisvoll:* Des is doch a offenes Geheimnis!
Erwin:	*Noch geheimnisvoller:* Max, moanst du aa, wos i moan?
Max:	Natürlich!

Erwin:	Des mit seiner Schwester?
Max:	Natürlich!
Mane:	Wos is denn mit seiner Schwester?
Max:	Da Hans hod a recht a saubere Schwester, Barbara hoaßts ...
Erwin:	Katrin!
Max:	Ja genau, Katrin hoaßts! I hob ja gwisst: A „A" is dabei im Nam'! Und de hod a recht a liberale Ansicht vo Erotik!
Mane:	Wos hods?
Erwin:	Sie sagt ungern „Nein", wennmas fragt, ob wos geht.
Mane:	*Grinsend:* Ach so! Mei, wenns guat ausschaut, warum aa ned!
Pfarrer:	Ja, um Himmels Willen, da tun sich ja Abgründe auf!
Erwin:	Herr Pfarrer, die Welt is brutal! Sans froh, dass Sie mit dem Thema ned plagt san! Aaf jeden Fall, de Schwester, de hod den Polizisten schon so manchen Dienst geleistet, wissts scho, wos i moan ...
Max:	Selbstverständlich, mir samma doch ned bläd!
Erwin:	Genau! Und drum hod da Rumplbauer Hans praktisch an Freibrief ghabt, wega seiner Schwester! De hamm den nicht kontrolliert!
Max:	Des is a Wahnsinn! Wega dera Matz!
Pfarrer:	Also Max! Die arme Frau! Bist du dir da sicher, Erwin?
Erwin:	Des hob i so sicher ghört wia des Amen in der Kirche!
Mane:	*Lachend:* Naja, des Amen in der Kirche hörst du ned so oft, bist ja kaum drin!
Erwin:	Depp! Owa etza is amal schiefganga mit dera bsuffan Fahrerei! Wahrscheinlich hod a neier Polizist Dienst ghabt, mit dem sei Schwester no nix ghabt hod. Und etz is er fett!
Kare:	Wos der bsuffa rumgfahrn is in der Prärie, des is eh da Wahnsinn, ständig unter Strom!
Max:	Mir hod amal oana erzählt, wenn der ned mindestens 1,5 Promille hod, dann zittert der wia a Zitteraal!
Bertl:	Ehrlich? So schlimm? Wer hod dir des erzählt?
Max:	Oana! I woaß nimmer genau, wer, owa a zuverlässiger Mensch wars aus dem Umfeld vom Rumplbauer Hans!
Pfarrer:	*Mahnend:* Ich gebe nur zu bedenken: Wer ohne Schuld ist, der werfe den ersten Stein!
Erwin:	Scho klar, Hochwürden, scho klar. Unseroana trinkt aa amal zwoa oder drei Halbe Bier und fahrt dann mitm Auto hoam ...

Kare:	Und an Schnaps!
Erwin:	Ja scho, owa den Schnaps, den trinkma ja zum Schluss, der wirkt erst, wennma scho dahoam san.
Kare:	Do host jetza du wieder recht. Bis der im Bluat is, derweil schlaf i scho lang wie ein Ratz.
Erwin:	Ja eben. Owa da Rumplbauer Hans, der safft ja alles eine, wie ein Bürschtenbinder: Bier, Schnaps, Wein, Goaßmass, wos er dawischt!
Max:	Wahnsinn! Und wos des Komische is: I hob den fei so direkt no nie saffa seng, i segna sowieso recht selten, eigentlich fast nie. Also beim Unterwirt war der no nie!
Mane:	Der meidet die Gesellschaft, „stiller Trinker" sagtma do in der Medizin.
Max:	Ehrlich? Stiller Trinker? Des hob i no ned ghört. *Schüttelt den Kopf.* Stiller Trinker – wos' alls gibt!
Erwin:	I hobs aa no ned ghört, owa wenns da Mane sagt, dann wirds aso sei, weil da Mane kennt sich medizinisch aus, weil sei Nachbar is doch a Doktor!
Mane:	A Internist!
Erwin:	Ja eben!
Max:	Und wia lang werns etza dem den Schein zwicka?
Bertl:	Also bei dem Rausch – Minimum a halberts Jahr, eher mehr.
Kare:	I schätz, des war absolute Fahruntüchtigkeit, wenn der aaf des Polizeiauto draufgspiem hod! Do muass er unweigerlich zum Depperltest!
Mane:	Und den besteht der nie, nie und nimmer! Scho von da Intelligenz her ned, von de Leberwerte ganz zu schweigen! De jahrelange Sauferei, de konn eine Leber nicht verbergen!
Max:	Kathi, bring a Rundn Schnaps, weil unser Leber, de is no fit! *Alle lachen und freuen sich darüber, dass sie nicht die poröse Leber des Rumplbauern haben.* Samma froh, dassma mir unseren Alkoholkonsum im Griff hamm!
Kare:	Genau! Alles mit Maß und Ziel!
Max:	*Lachend:* Eher mit Mass und viel! *Gemeinsames Lachen über diesen Spitzengag.*

Die Tür geht auf, Johann Holzer (Hausname Rumplbauer, Rufname Hans) kommt herein. Alle Blicke richten sich in gespannter Erwartung auf ihn; man wartet, dass er etwas sagt, um festzustellen, ob man ihn nach seinem exzessiven Alkoholkonsum noch versteht oder ob er der Muttersprache nicht mehr mächtig ist. Kare ist allerdings etwas hilflos.

Kare: *Zu Max:* Wer is jetza des?
Max: Des is da Rumplbauer Hans!
Kare: A geh! DES is da Rumplbauer Hans! Den hob i no nie gseng!
Hans: *Indem er schnurgerade und ohne jegliche Ausfallerscheinung auf die Theke zugeht:* Griaß Gott miteinander! *Kathi stellt gerade die Runde Schnaps auf den Tisch.* Und zum Wohl! *Zu Hein:* Du, Herr Wirt, entschuldige, habts ihr am Klo a Soafa? *Zeigt seine ölverschmierten Hände.* I hob nämlich grad da vorn am Parkplatz unsere Freunde und Helfer gholfa! De hamm a Problem ghabt mitm Dienstfahrzeug und i dua doch nebenbei a bissl Auto richtn! Und i hobs steh seng und hobma denkt: „Hilfst de Burschen, weil de helfen dir aa, wenn wos is!" War bloß a Kleinigkeit, in fünf Minuten wars gricht. Owa etza hob i ganz dreckige Händ, mit denen mog i mi ned ans Steuer setzen!
Hein: No freilich hamma a Soafa draußen, bedien dich!
Hans: Mersse vielmals!
Hein: Soll i dir a Halbe eischenka derweil?
Hans: Naa, i trink scho über 10 Jahr koan Alkohol mehr! *Betretene Blicke aller Anwesenden.*
Mane: *Hinterlistig:* Und? Wie gehts deiner Schwester?
Hans: Meiner Schwester? I hob bloß an Bruada!
Bertl: Kathi, zahln! Etza glangts!

Affen sind auch nur Menschen

Sei es politisch, gesellschaftlich oder überhaupt: Ein beliebtes Gesprächsthema an vielen Männerstammtischen ist (bereits seit der Römerzeit, evtl. auch schon vorher bei Ägyptern, Chinesen und Höhlenmenschen) die Kritik an den heutigen Zuständen.
Gerade diejenigen, die nicht der jüngsten Generation zuzurechnen sind, fragen sich nahezu täglich. „Wo soll das noch hinführen?" bzw. „Wie weit sind wir gekommen?" Max fragt sich das auch, denn er war mit seinen beiden Enkeln im Zoo, und zwar in der Absicht, ihnen einen schönen und lehrreichen Tag zu bereiten – es blieb bei der Absicht!

Kathi:	Und? Die Herren? Sieben Halbe wie immer? *Allgemeines zustimmendes Nicken, da diese Frage eine rein rhetorische ist, bei der die Antwort bereits feststeht.*
Max:	*Grantig:* Und mir bringst glei amal an Bärwurz extra! An doppelten!
Kare:	Ja Max! Etza scho an Bärwurz? Wos hast denn? Magenprobleme?
Max:	Ach Schmarrn! Mei Magen is bumperlgsund, i brauch den Bärwurz zur Beruhigung, nervlich!
Erwin:	Zur Beruhigung? Host di aufregen miassn?
Max:	Jawoll!
Mane:	Über dei Wei?
Max:	Achwo! De regt mi scho lang nimmer aaf! Über meine Enkel hob i mi aufregen miassn, gewaltig! Des undankbare Gsindel des!
Pfarrer:	No geh! So redet man doch nicht über sein eigen Fleisch und Blut!
Max:	Sie reden sich leicht, Herr Pfarrer, Sie hamm ja koana Enkel ned!
Pfarrer:	Gott bewahre!
Kathi:	*Die gerade die Getränke bringt:* Also Max! Der Herr Pfarrer hod ja ned amal Kinder, geschweige denn Enkel!
Max:	Ja, scho klar. Entschuldigung, Herr Pfarrer, owa mir langts heit no vo gestern! *Pfarrer winkt entschuldigend ab.*
Kare:	Wos war denn nacha, Max? Erzähl!
Max:	Meine Enkel hamm ja zur Zeit Ferien …

Bertl: Meine aa!
Max: Ehrlich? *Überlegt kurz.* Depp! Und i, i hob mir denkt, nimmstas de Eltern ab und machst wos Sinnvolles mit de zwoa! Bevors den ganzen Dog in den blädn Computer einegaffen, machst denen eine Freid und gehst mit denen in den Zoo! Des hob i mir denkt.
Bertl: Des is a guade Idee! Wia alt sans denn, deine Enkel?
Max: Da Urs is sieme und d'Ulla is neine.
Kare: *Amüsiert:* Hoaßn de echt Urs und Ulla?
Max: Scho. Warum ned?
Kare: Weil de hoaßn dann insgesamt Ursulla, Wahnsinn!
Max: Tatsächlich! Des is mir no gar ned aufgfalln. Ursulla – wos alls gibt! *Schüttelt den Kopf.* Immer no besser als Hans und Dampf. *Gelächter der Zuhörer über diesen Spontangag.* Auf jeden Fall warn mir gestern im Zoo. Aber das erste und letzte Mal, des sog i eich, das erste und letzte Mal!
Kare: Wars nix Gscheits?
Max: A Katastrophe wars! Zuerst samma zu de Affen.
Erwin: Affen san doch super! Also Affen schau i mir scho immer gern o.
Max: I aa, weil de san so menschlich! I schau immer durch des Glas eine und irgend a Aff schaut außa. Und i denk mir dann: „Wos wird sich der Aff etza denka?" Weil de schaun haargenau aso, als daadn sie sich wos denka!
Kare: De denken sich hundertprozentig wos! Do verwett i alles! Wenn a Tier so schaut wia a Aff schaut, dann denkt sich des Tier wos! Wahrscheinlich denkt sich der Aff des Gleiche wia mir und zwar: „Schau dir den Affen o!"
Bertl: *Lacht.* Konn scho sei! Wos mir aufgfalln is: De hamm aso a Art Sensor, gfühlsmaßig.
Max: An Sensor? Wia moanst jetza des?
Bertl: De gspürn des, wenn du a Gefühl host, zum Beispiel Hunger. Dann gspürn de des, i konns beweisen: I war amal im Zoo und hab zu de Affen einegschaut und mi hod gscheit ghungert. Und ob du es glaubst oder ned: Hupft ein Aff vom Baam owa und halt mir a Banane entgegen! Gsagt hod er nix, owa sei Blick hat eindeutig bedeit: „Di hungert, do host

	a Banane!" Owa i hob natürlich de Banane ned nehma kinna, weil es war ja des Glas dazwischen, logisch.
Kare:	Des hod er ned gschnallt, dass des ned geht durch des Glas – mei, is halt doch bloß a Aff.
Bertl:	Scho klar, owa gefühlsmaßig mit Sensor!
Mane:	Wobei mir ned vom Affen abstammen! I hob aaf ZDF neo gseng, dass da Mensch und da Aff an gemeinsamen Vorfahren hamm, der war dümmer wia a Mensch und gscheida wia a Aff, aso a Zwischending.
Erwin:	Do kenn i etliche, de san heit no a Zwischending!
Mane:	Do hast du recht! Also der gemeinsame Vorfahre vom Menschen und vom Affen, der war in Afrika und is dann langsam emigriert und in Deitschland is er dann a Mensch worden oder so ähnlich – oder aa in Frankreich, genau woaßes aa nimmer, is aa scho ziemlich lang her.
Max:	Naja, a bissl anders wars scho, owa des is jetza wurscht. Aaf jeden Fall steh i mit meine Enkel vor dem Affengehege, Schimpansen warns. I war total fasziniert von de Affen, total! Und was machen meine Enkel? Schaun ganz woanders hi, kein Interesse! Als waarn gar koane Affen da.
Mane:	Des is unglaublich. Wann segt man denn scho amal an Affen in natura? I wenn in dem Alter an Affen in natura gseng hätt, i waar ausgflippt! I hätt nie und nimmer woanders higschaut!
Kare:	Weils alles hamm, de Fratzn! Wenn a Kind scho alles hod, dem is doch a Aff wurscht!
Max:	I hob mi gscheit gärgert, des konn i eich song, gscheit! Dann hob i mir denkt: „Zoagst de Kinder wos ganz wos Bsonders, a Delikt aus der Urzeit, gehst mit eahna zu de Riesenschildkröten!"
Bertl:	Des hoaßt Relikt, ned Delikt!
Max:	Ja ok, dann halt Relikt, aaf jeden Fall aus da Urzeit.
Erwin:	Riesenschildkröten san a Hammer! Wia i des erste mal a Riesenschildkröte gseng hob, hob i mir denkt: „Oläck, is des eine drumm Riesenschildkröte!" Du, de hod einen Kopf ghabt, der war so groß wia a Hundskopf! Leider hodma den ned gseng, weil der war im Panzer drin.

Mane:	Hods pennt, ha? Weil i hob amal glesn, de pennen 24 Stund am Dog, manchmal sogar länger! Drum werdens ja so alt, weil de kriang vo dem ganzen Schmarrn nix mit, null! De san psychisch ausgeglichen, für de is Stress a Fremdwort! A Mensch wenn nur penna daad des ganze Leben lang, dann daad der mindestens 120 Johr alt wern! Er muass natürlich kurz aufsteh zum essen und trinka, wal sunst wird er überhaupt ned alt, weil er verhungert, des is klar.
Max:	Genau! I hob zu de Kinder gsagt: „Urs und Ulla, schauts eich amal de Riesenschildkröte o! Ob ihr des glaubts oder ned: Dieses Exemplar is über 200 Jahre alt! Des hod den Napoleon no kennt, den Hitler sowieso!"
Kare:	Des is fei scho a Wahnsinn! Und? Wos hamms gsagt, deine Enkel? Bei denen miassn doch d'Augen gleucht hamm vor lauter Begeisterung.
Max:	I mogs gar ned sagen! Beschämend! Frustrierend! Da Urs hod gsagt: „Opa, i muass bieseln!", und d'Ulla hod gsagt: „De Schildkröte is ja dann fast so alt wie du, Opa!" Des dumme Kind moant, i bin über 200 Johr alt! Heier hods Kommunion! Do is Hopfen und Malz verlorn!
Pfarrer:	Das stimmt! Die Ulla geht heuer zum ersten Mal an den Tisch des Herrn.
Erwin:	Trotzdem is bläd! Also Max, nix gega deine Enkel persönlich, owa de Kinder wern immer bläder!
Max:	Wem sagst du das, Erwin, wem sagst du das! Auf jeden Fall hob i mir denkt, dass des bei de Riesenschildkröten aa nix wird und drum bin i weidaganga Richtung Antarktis, wo de Pinguine san. Mir kema grad in da Antarktis o, rennt a Rudel Pinguine vorbei. I war glei ganz begeistert, weil de san total possierlich, wenns so dahiwatschln im schwarzen Frack! „Machts halt a Foto mit eierm Handy!", hob i gsagt, „des is a Erinnerung fürs ganz Leben!" Dann sagt da Urs, der Saufratz: „Pfff, vo dem Schmarrn mach i koa Foto! Am Fernseh hamma Pinguine gseng, des warn viiiiel mehr! Und einen hat a Eisbär gfressn, des war voll cool!"
Bertl:	Des is unglaublich! De Kinder san dermaßen verroht heitzudogs! Für de is des bloß no cool, wenn a unschuldige Kreatur gfressn wird! Abgestumpft san de bis dorthinaus!

Max: Du sagst es! Woaßt, wos er gsagt hod, da Urs? „Opa, kimmt etza do no a Eisbär und frisst an Pinguin? Weil dann wart i und mach a Foto!" Hob i gsagt: „Des glaub i ned, dass do no a Eisbär kimmt! Und wenn, dann frisst er koan Pinguin!" „Ok, dann gema weiter!", hod er gsagt, emotionslos! Es is zum Verzweifeln!

Mane: Unglaublich, so ein Grobian! Und d'Ulla? Hod wenigstens de a Interesse ghabt für de Pinguine? Weil Weiber san do oft sensibler, wos Viecher betrifft.

Max: De sowieso ned, de wollt a Eis!

Mane: Wahrscheinlich wars durch de Antarktislandschaft animiert.

Max: Konn scho sei. Mir is des aaf jeden Fall alles zu bläd worden. I hob gsagt: „Wissts wos? Etza machma Brotzeit, dann gemma hoam! Weil wenn ihr für de komplette Fauna koa Interesse habts, dann hod des alles keinen Sinn ned! I mach mir doch ned die Mühe und zoag denen an Elefanten oder a Känguru, wenn ihnen a Aff und a Riesenschildkröte scho völlig am Arsch vorbeigeht! Des is vergebliche Liebesmüh!

Kare: Do hast du vollkommen recht! Des macht doch koan Spaß, wenn deine Enkel kein Interesse hamm. Do konnst ja glei dahoam bleim!

Max: Genau! Dann samma in den Brotzeitgarten vom Zoo ganga, „Happy Animal" hod der ghoaßn. Do wolltens dann Pommes mit Ketchup, i hob an sauern Pressack gessn mit an Baguette, weil Brezn warn aus. Und in dem Happy Animal, do hamma dann zwoa Stund braucht!

Kare: Zwoa Stund? Des dauert doch ned so lang, bisma a paar so gstreifte Erdäpfel isst und an Pressack.

Max: Des ned, owa direkt vor unserem Tisch san drei oder vier Spatzen umanandaghupft, vo denen warns hellauf begeistert. Denen hamms ständig Pommfritz higworfa. I schätz, de Spatzn hätts bald zrissn. Und wiama hoam san, hamms gsagt: „Opa, im Zoo wars langweilig, aber die Spatzen warn super!"

Bertl: Kathi, zahln! Etza glangts!

Internationaler Besuch

Grundsätzlich gelten wir Bayern, insbesondere die östlich angesiedelten, als eher maulfaul. Zumindest im Vergleich zu unseren Mitbürgern und -innen aus den nördlichen Gefilden Deutschlands, wobei die Aborigines der ganz nördlichen Provinzen wiederum eher unserem Naturell zuzurechnen sind, was die Abneigung gegen sinnlose Konversation betrifft. Die unmittelbaren Küstenanlieger haben zwar keine Bäume, ähneln aber rhetorisch den Waldlern (man versteht sie schlecht) und neigen daher mehr zum Denken als zum Plappern.

Nichtsdestotrotz: Wir Bewohner des Bayer-, Böhmer-, Oberpfälzer- und Frankenwaldes sind keine verstockten Büffel, auch die Mitglieder unseres Stammtisches beim Unterwirt nicht! Im Gegenteil: Gerade wenn wir merken, dass jemand fremd ist bei uns und mutterseelenallein, gerade dann versuchen wir, mit ihm ins Gespräch zu kommen und ihm fernab seiner Heimat das Gefühl zu geben, dass er uns interessiert und dass wir Anteil nehmen an seinem Leben und Schicksal. Auch auf den ersten Blick fast unüberwindbare Sprachbarrieren schrecken uns nicht!

Heute betritt Kare mit einem völlig fremden, jungen Mann die Gaststube und setzt sich unter den neugierigen Blicken der Stammtischkameraden an seinen angestammten Platz, den jungen Fremdling daneben.

Kare: Griaß eich!

Max: Wen hast denn da dabei heit? Is des scho wieder a ledigs Kind vo dir? *Alle lachen, nur Kare's Begleiter nicht, da er nichts versteht.*

Kare: Depp! Des is da Lajos! *Lajos nickt schüchtern in die Runde, als er seinen Namen gehört hat, die Runde nickt zurück.*

Bertl: Und wos duat der do?

Kare: Es is so: I war doch beim Zoll, Zollhauptsekretär.

Bertl: Des wissma scho.

Kare: Scho klar, owa wos ihr ned wissts: Da Lajos, der is aa beim Zoll, allerdings beim ungarischen. Der hod grad angfangt mit der Ausbildung.

Mane: *Bewundernd:* Beim ungarischen Zoll? Mi host ghaut, Hut ab! Wos wird do gschmuggelt in Ungarn? Salami wahrscheinlich und Paprika, eventuell a Tokajer!

Kare:	Des glaub i ned, des is etza aa wurscht! Auf jeden Fall gibts da a internationales Austauschdings, dass de junga ungarischen Zöllner lernen, wias woanders zuageht in da EU und do is da Lajos aaf Deitschland abkommandiert für vier Wochen.
Erwin:	*Anerkennend zu Lajos:* Nicht schlecht, Herr Specht!
Lajos:	*Versteht kein Wort, nickt lediglich freundlich und hebt optimistisch den rechten Daumen. Auch wenn er die Worte verstehen würde, würde er sicher nicht wissen, wer Herr Specht ist.*
Kare:	Und do hamms Unterkünfte gsuacht und als Ex-Kollege lass i mi doch ned lumpen und etz wohnt da Lajos vier Wochen bei mir! Gell, Lajos? Bei mir! Wohnen! Du! *Lajos hebt erneut den rechten Daumen.*
Lajos:	Wohnen!
Max:	I bin scho allaweil dafür, dass de junga Leit ebbs lernen, scho allaweil! *Zu Lajos:* Was Hänschen nicht lernt, lernt Hans nimmermehr! Ist deutsch Sprichwort!
Lajos:	*Nickt freundlich und lässt sich zu einer positiven Aussage hinreißen:* Deutschland gut!
Max:	Schauna o, „Deutschland gut" sagta! Jaja, des is des: Mir jammerma und schimpfma dauernd, owa im Ausland wissens scho, dass bei uns schee is.
Kare:	Owa der versteht di ned, Max, der konn bloß ungarisch, und a paar Brocken Englisch. Deitsch soll er erst lerna durch seinen Aufenthalt bei uns. Drum hobe eam ja mitbracht, dass er a bisserl wos mitkriagt vo unserer Sprache und Wirtshauskultur! Weil du muasst a Sprache hörn, wenn du a Sprache lernen willst! Und im Wirtshaus hörtma einfach einiges.
Max:	Des stimmt, des stimmt haargenau! Owa ned bloß im Wirtshaus, aa dahoam! I hob damals so oft de Platten vo de Beatles ghört, bis i Englisch kinnt hob! Yesterday, a hard days night, des hob i alles vo de Beatles ghört. I daad heit no ned wissen, dass „yesterday" gestern hoaßt, ohne Beatles. I verdank denen viel! *Zu Lajos:* Beatles gut!
Lajos:	Gut! *Nickt und hebt abermals den rechten Daumen.*
Max:	Yesterday!
Lajos:	Yesterday!
Max:	John Lennon! Liverpool!

Lajos:	Liverpool gut!
Max:	Du Ungarn!
Lajos:	*Begeistert und voller Nationalstolz:* Ungarn! Yes, ich Ungarn! I am Hungary!
Max:	Hein, host ghört? Hunger hod er! Bring eam Pfälzer, i zahls!
Hein:	Der hod doch koan Hunger! Der hod doch bloß auf Englisch gsagt, dass er vo Ungarn is! „Hungary", des hoaßt Ungarn aaf Englisch!
Max:	Ehrlich? Des hamm d'Beatles ned gsunga, drum woaßes ned! Woher woaßt nacha du des, Hein?
Hein:	Des steht immer aaf de Paprikakonserven om! „Product from Hungary" steht do om!
Max:	Und du host dir des gmirkt? Stark! *Zu Lajos, auf Hein deutend:* Paprika! Hein! Wirt!
Lajos:	Aaahhh, Paprika!
Max:	Genau! Paprika gut! Ungarn! Scharf! Brennt like the Devil! Brennt zweimal: Vorne oben und hinten unten!
Kare:	Des is zu hoch, Max, des versteht er ned!
Erwin:	*Will sich auch an der angeregten Unterhaltung mit dem internationalen Gast beteiligen.* I eat gern Paprikaschnitzel! Gut! My Renate makes it!
Lajos:	Renate?
Erwin:	My wife! Renate!
Lajos:	Oh! Renate gut! Paprika!
Erwin:	Naja, meistens! Wia halt d'Weiber so san!
Lajos:	Weiber?
Erwin:	Ja genau! Du kennst di aus! Des is in Ungarn ned anders, Weiber san Weiber! *Alle lachen anerkennend, da Lajos offenbar ein Frauenkenner ist.*
Mane:	I like Schaschlik!
Lajos:	Aaaahh, Schaschlik!
Mane:	Yes, my Leibspeis!
Lajos:	*Mit holpriger Aussprache:* Laiipsbaiiss?
Mane:	Schaschlik gut! Mmhhh! *Reibt sich genüsslich mit der rechten Hand den Bauch.*
Lajos:	Schaschlik gut, Paprika gut! Renate!
Mane:	*Traurig:* Nix Renate! Bloß Mane und Schaschlik, Mane solo!
Lajos:	*Unsicher:* Schaschlik gut?

Mane:	Genau, Schaschlik gut! Des is des Wichtigste. Du blickst durch, no woman no cry! *Zu Kare:* Des is a ganz a sympathischer Bursch! Und er kenntse aus! Des war scho immer aso: Da Ungar an sich is ned dumm!
Max:	Du, Lajos, eine Frage ...
Lajos:	Fraahkhe?
Max:	A question!
Lajos:	Aaahh, question!
Max:	Yes! Kennst du d'Piroschka?
Lajos:	*Zuckt ahnungslos mit den Schultern.* Piroschka?
Max:	Yes, Piroschka. „Ich denke oft an Piroschka"!
Lajos:	*Nach wie vor völlig ahnungslos und bedauernd mit den Schultern zuckend:* Piroschka?
Max:	It was a Film, a bekannter Film, famous! In Deitschland every man kennt him!
Lajos:	Film?
Max:	Movie! A Movie! Pusta!
Lajos:	Aaahh, a Movie! Pusta-Movie?
Max:	No freilich! D'Ding hod d'Hauptrolle gspielt, d'Pulverin, d'Lieselotte Pulver! Konnst di an de nimmer erinnern? Pulver!
Lajos:	Pullfäär?
Max:	Pulver! A big Star seinerzeit! Kare, wos hoaßt denn Pulver aaf Englisch?
Kare:	Pulver? *Sinniert.* Äh …, Pulver? Powder, genau, Pulver hoaßt powder! Gunpowder is Schießpulver!
Max:	Powder?
Kare:	Genau!
Max:	Merssé! *Zu Lajos:* Lieselotte Powder! Kennst de?
Lajos:	*Zuckt hilflos mit den Schultern.* I'm sorry.
Max:	Kennstas ned, ha? Mei, alles konnma ned wissen. War owa a scheener Film damals. So rührend. Da Ding war da Bahnhofsvorsteher, da Gustav Knuth. *Zu Lajos:* Knuth, Gustav Knuth!
Kare:	Wenn er de Lieselotte Powder ned kennt, dann kennt er den Gustav Knuth erst recht ned! Weil eher kenntma no de Pulverin als wia den Knuth, wenn überhaupt.
Max:	Do host aa wieder recht!

Erwin:	Etza hörts amal aaf mit der Piroschka, für den alten Huat is doch der Bursch viel zu jung! Etza daad i sagen, etza trinkma einen Bärwurz! Dass da Lajos woaß, wo da Wind hergeht! Kathi, bring a Rundn Bärwurz! *Zu Lajos:* Now comes a Round Bärwurz!
Lajos:	*Verwirrt:* Bährwoods???
Erwin:	It is a Klarer, a clear! Kennst an Bär?
Lajos:	Bär? Animal?
Erwin:	Genau, animal, very good! *Steht auf und imitiert einen Bären, vermutlich einen aggressiven Grizzly, da er sich aufbäumt und angsteinflößend brüllt.* Bär!
Lajos:	*Hat verstanden, um welches Tier es sich handelt.* Bär!
Erwin:	Yes, exactly! *Kathi bringt eine Runde Bärwurz und stellt sie auf den Tisch, Erwin deutet auf die Gläser.* Und des is a Bärwurz!
Lajos:	Bährwoods?
Erwin:	Haargenau! Die Wurzel von an Bär quasi! Hm, wos hoaßt etza wieder Wurzel aaf Englisch? Kare, woaßt du des? Wurzel …
Kare:	Wurzel? Root hoaßt des, root. Schreibtma root und sagtma ruud.
Erwin:	No freilich, root! Etza, wo du es sagst, fallts mir aa wieder ei, root! *Zu Lajos, auf die mit Bärwurz gefüllten Gläser deutend:* This ist the root of a Bär! Und now we trink this, ex certainly!
Lajos:	*Angewidert:* Root of a Bär? Drink? *Schüttelt den Kopf.* No, thank you!
Erwin:	Des is fei wos Guads! Bärwurz good! *Hält ihm ein Glas lockend hin.* We say allaweil: „Tropft das Auge und der Zinken, musst du einen Bärwurz trinken!" *Lacht.*
Lajos:	*Wehrt ab.* Thank you!
Max:	Der is des Säuerliche ned gwöhnt! Da Ungar an sich trinkt ja mehr an Tokajer! Des is a ganz a Siaßer, a babbada Zeig! Drum trinkt da Ungar koan Bärwurz! *Zu Lajos:* Tokajer!
Lajos:	*Erfreut, da er nach langer Zeit wieder einmal ein Wort auf Anhieb kennt:* Tokajer! Tokajer good!
Max:	Des glaub i! Hein, host an Tokajer do? I daad eam oan spendiern!

Hein:	Wo soll denn i etza an Tokajer hernehma? Etza bini seit 21 Jahr da Wirt vom Unterwirt, owa an Tokajer wollt no koaner!
Mane:	A bissl international könntst fei scho sei, Hein! A bissl wenigstens!
Hein:	Aso a Schmarrn, i hob ja a internationales Sortiment! Sowohl getränkemäßig als auch vom Zubehör her.
Mane:	Du? A internationales Sortiment? Wos nacha?
Hein:	Da Wein is vo Franken und d'Zigrettn vo da Tschechei!
Bertl:	Kathi, zahln! Etza glangts!

Und wo tut's dir weh?

Ein beliebtes Thema an Stammtischen, falls gerade kein interessanteres wie Fußball oder Politik zur Hand ist, sind körperliche Beeinträchtigungen jeglicher Art. Den einen zwickt es da, den anderen juckt es dort und wieder andere klagen über häufige nächtliche Weckrufe durch die nicht volle, aber sich voll anfühlende Blase. Es ist ein Kreuz, auch mit dem Kreuz! Doch gottlob haben die Stammtischkameraden nützliche Tipps und medizinischen Sachverstand, den sie sich ohne Studium angeeignet haben. Manchmal durch Selbstversuche, manchmal aber auch durch Fachgespräche mit langjährigen Hypochondern und Nebenerwerbsschamanen.

Kare: Man kennts scho, dassma älter wird! Do a Wehwechen und durt a Wehwechen, man wird einfach ned jünger!

Max: Omei, hör mir aaf! Wos daad do i sagen! I bin scho so weit, dass i mi gfrei, wenn mir wos wehduat, weil dann woaß i wenigstens, dass i no leb! I sog allaweil: „Solang ich spür den Schmerz, schlägt wenigstens noch mein Herz!" Oder wia da Fuxn Girgl mit seine 91 Jahr immer sagt: „Bist schmerzfrei du an Kopf und Fuß – liegt hinter dir der Exitus!"

Erwin: So schlimm?

Max: Schlimmer! Zum Beispiel, wenn i schwitz und dann kühl i wieder ab, dann konn i kaum mehr den Kopf drahn, do is bei mir des ganze Gwind', wo da Kopf am Hals festgschraubt is, verzogen! I schau dann aus wia a Fragezeichen!

Mane: Aso a Schmarrn! Da Kopf is doch ned festgschraubt! Der hängt doch an da Halswirbelsäule dran! Gwind, so ein Schmarrn! *Schüttelt den Kopf.*

Max: Is scho klar, des moan i ja! Mei Halswirbelsäule, de is dann ganz steif, wenn i schwitz und abkühl!

Kare: Des glaub i! Weil morsch is d'Halswirbelsäule ja eh in dein Alter!

Max: Noja, obs scho direkt morsch is, woaß i etza ned, weil normal funktionierts scho no einigermaßen. I konn rechts und links schaun und sogar umschaun. Es sei denn, i hob gschwitzt und bin abkühlt, dann konn i schmerzfrei bloß gradaus schaun. Des is beim Autofahrn ned ungefährlich!

Kare: Man is einfach koane 20 mehr! Bei mir is aso, wenn i länger sitz, dann dua i mi dermaßen hart beim Aufsteh, vo da Bandscheim her.

Rudi: *Grinsend:* Dann sitz di halt ned hi, dann brauchst ned aufsteh!

Kare: Depp! Wart no, wennst du amal in mei Alter kimmst, dann vergeht dir's Lacha scho no! Wia i so alt war wia du, da hab i gar ned gwisst, dass i a Bandscheim hab! I woaß no, wia des war, wenns im Bierzelt „Auf und nieder immer wieder" gspielt hamm, do war i wia a Derwisch!

Max: Wia wos???

Kare: A Derwisch! Des is oaner, der wo sich ned staadhaltn konn, a Hyperaktiver sagtma heitzudogs! I war im Bierzelt der, der wos als erster auf und letzter nieder is! Des hod mir körperlich gar nix ausgmacht. I war wia a Gummimensch, biegsam nach allen Richtungen! Owa de Zeiten san vorbei, leider! Nix mehr auf und nieder immer wieder! I sitz mi nieder und bleib sitzen, bis i wieder hoamgeh oder notfalls aafs Klo. Aso schauts aus, des is ned zum lacha!

Rudi: *Schuldbewusst:* Ja, scho klar, Kare. I wollt mi echt ned lustig macha über dei Bandscheim, sorry!

Bertl: Bandscheim hi, Bandscheim her, de wahren Probleme san ganz andere, bloß man red' ungern drüber!

Mane: Wos san nacha de wahren Probleme?

Bertl: Etz amal ehrlich: Wia schauts bei eich aus im urologischen Bereich? Unten ume!

Pfarrer: Also Bertl, ich darf doch sehr bitten! Muss es sein, dass wir am Stammtisch über solche Dinge reden? Das intime Verhältnis zwischen Mann und Frau sollte doch im privaten Bereich bleiben!

Bertl: Des moan i doch ned, Hochwürden! In mein Alter is des intime Verhältnis ned im privaten Bereich, sondern im Vergangenheitsbereich! Naa, i moan die lästige Bieslerei. Wia schauts da bei eich aus, wia oft miassts ihr pro Nacht zum Bieseln aufsteh? Also i sags ganz ehrlich, i mindestens dreimal, mi regt des dermaßen aaf! I bin oft in da Friah wia gerädert, weil kaum schlaf i a weng, hob i scho wieder an Druck und muass ins Bad! I könnt wahnsinnig wern. Manchmal hob einen so einen Zorn, dass i am liabern glei

	in da Badwann schlaffa daad, dann hätt i näher zum Klo. Und des belastet aa des Verhältnis zu meiner Frau, weil de wird dann aa wach und sagt: „Ja sag amal, rennst du scho wieder? Sauf halt ned so viel, dann muasst ned so viel renna!" Owa man soll ja in mein Alter viel trinken, sunst wird ma bläd, des is wissenschaftlich belegt!
Max:	Des stimmt! Do muass dei Frau scho Verständnis haben und sie muass sich guat überlegen: Mog sie oan, der dreimal pro Nacht aafs Klo rennt oder mog sie an Blödel, eventuell sogar an Volldeppen, des is die Alternative!
Bertl:	Und wia schauts bei dir aus, Max?
Max:	Bei mir is wurscht, mei Frau konn eh ned schlafa!
Bertl:	Duselbauer!
Kare:	Wia schauts da bei Eahna aus, Herr Pfarrer? Mit Verlaub, weil Sie san ja aa nimmer der Jüngste!
Pfarrer:	*Peinlich berührt:* Also bitte! Über dieses Thema möchte ich nicht sprechen!
Kare:	War bloß a Frage!
Pfarrer:	Auf die ich nicht antworten möchte!
Kare:	Kein Problem, Hochwürden!
Kathi:	Wollts no a Halbe oder habts Angst vorm Bieseln? *Grinst.* I moan bloß.
Mane:	I glaub, du spinnst! Natürlich bringst no a Halbe, weil da Durst is deutlich größer wia d'Angst! Oder, Männer? Des waar ja no scheener, kruzenäsn!
Pfarrer:	*Mahnend:* Manfred!
Mane:	Weils wahr is! Bring no a Rundn, Kathi, de zahl i, weils wurscht is! *Zustimmendes und anerkennendes Nicken am gesamten Stammtisch.* Und etz hörts auf mit dera Bieslerei, des is ja ekelhaft! Habts ihr koa anders Thema?
Erwin:	Doch, i hob a anders Thema: Mir duat scho seit drei Wochen mei links Knia weh, owa nur, wenn i bergab geh, bergauf is koa Problem. Was könnt des sei?
Rudi:	*Grinsend:* Eventuell dei links Knia?
Erwin:	Hanswurscht!
Kare:	Normal is des des Kniegelenk! Mei Schwiegermuada hod des aa ghabt, allerdings mitm rechten Knia, owa de war beim Doktor und etz gehts wieder wia a Oanser! Schmerzfrei!

Erwin:	A geh? Und wos hods kriagt gega de Schmerzen?
Kare:	A neis Knia!
Erwin:	*Erschrocken:* I glaub, du spinnst! I will doch ned glei a neis Knia, bloß weils mir bergab weh duat! I will doch aa koan neia Kopf, wenn i Kopfweh hob!
Kare:	So ein Schmarrn, des konnma doch ned vergleicha! Das Knie ist ein Gelenk und da Kopf is a … a … Kopf! I wollt dir ja bloß an Tipp geben.
Erwin:	Aso a saubläder Tipp!
Pfarrer:	Jetzt streitet doch nicht! Erwin, das Problem mit dem Knie hatte ich auch schon. Ich bin zu einem Orthopäden gegangen und der hat festgestellt, dass es nur eine kleine Absplitterung am Meniskus war. Ein kleiner ambulanter Eingriff hat das Problem beseitigt. War gar nicht schlimm.
Erwin:	Dankschön, Hochwürden, des hört sich deutlich besser o wia glei a neis Knia! Dann geh i amal zum Orthopäden, dass er sich des oschaut!
Rudi:	*Grinsend:* Fahr liaber zum Orthopäden, weil wenns zu dem bergaaf geht, dann duat dir dei links Knia wieder weh, wennst gehst!
Erwin:	Sag amal, warum bist denn du heit so gschert?
Rudi:	Bin i meistens! Owa etza ohne Witz: Zum Orthopäden derfad i aa amal geh!
Max:	Wos? Du? In deinem Alter? Wia i so jung war wia du, hob i gar ned gwusst, wos a Orthopäde is! Schreim konnes heit no ned! Warum willst du zum Orthopäden?
Rudi:	Weil mir dauernd mei Kreiz weh duat!
Mane:	*Grinsend:* Wenns hinten weh duat, muassma vorn bremsen!
Pfarrer:	Also Manfred! Ich muss doch sehr bitten!
Mane:	Nix für unguat, Herr Pfarrer, des sagtma halt aso! Rudi, in deinem Alter host du scho Kreizweh? Normal is des fei ned! Lass di halt amal massiern! Also mir hod des gholfa, i hob do a super Masseurin und de hod aa no mords a guade Figur!
Rudi:	I hob an Masseur, der hod 120 Kilo!
Mane:	Des is natürlich wos anders, dann probiers liawa mit Gymnastik!

Bertl: Also i hätt do an ganz an anderen Tipp für di, Rudi. I hob ja aa allaweil Kreizweh ghabt, Jahre! Und nix hod gholfa, koa Massiern und koa Gymnastik und nix. Und dann hod mir amal oaner gsagt, i soll mir a andere Matratzn kaffa fürs Bett, a härtere – und siehe da: I kaaf de härtere Matratzn und zack, a Woch später war des Kreizweh weg! I sog bloß: Wie man sich bettet, so liegt man!

Max: Des hörtma oft! I hobs meiner Frau scho mehrmals gsagt, sie soll sich a neie Matratzn kaffa, vielleicht konns dann wieder schlaffa. Owa nein, sie nimmt Baldrian und so an Zeig! Und wos hilfts? Nix! De ganze Nacht geisterts umananda im ganzen Haus! Und dann immer ihra weißes Nachthemad, des hod wos Unheimliches! Neulich hods in da Nacht um halbe drei an Pichelsteiner kocht, bloß dass miad wird! Ein Wahnsinn! Um de Zeit an Pichelsteiner!

Kare: Und? Is miad worn?

Max: Eigschlaffa is aaf da Couch und da Pichelsteiner is verbrennt! I hobs ihr gsagt: „Hättst a neie Matratzn kafft, dann waar des ned passiert, weil dann hättst du gar koan Pichelsteiner ned kocht mitten in der Nacht!" I moan, mi stört des ja ned, wenns de ganze Nacht rumrennt, weil i muass ja sowieso dauernd bieseln, owa mir gehts um sie! Wenns dumm geht, verbrennt sie aa, ned bloß da Pichelsteiner! Obwohls um den wirklich schad war, der war mit Wammerl drin! Alls verbrennt!

Kare: Ewig schad! Herr Pfarrer, wia schauts bei Eahna aus? Hamm Sie aa Schlafprobleme?

Pfarrer: Nein, gottlob nicht! Allerdings tue ich auch etwas dafür! Ich mache jeden Abend eine halbe Stunde Yoga und trinke ein Achtel Rotwein!

Mane: *Grinsend:* Umkehrt waars fürn Schlaf no besser: A achtel Stund Yoga und a Halbe Rotwein!

Pfarrer: *Lächelnd:* Ach Manfred, du und dein Humor! Nein, da ist meine Einteilung deutlich gesünder!

Kare: Da Rotwein is ok, derfa vo mir aus aa zwoa Achtel sei oder fünf, owa Yoga waar nix für mi, do hob i de Geduld ned!

Pfarrer: Dazu bedarf es keiner Geduld, Karl! Wenn du möchtest, ich kann dir gerne ein Buch mit Anleitungen ausleihen, es heißt

„Yoga für Anfänger", der Autor ist Bandurinder Singh, ein weltbekannter Yogi aus dem Kaschmirgebiet.

Kare: Naa, dankschön, i konn ja schlaffa! Bei mir is wia gsagt eher d'Bandscheim! Man konn zwar den Schmerz mit vier, fünf Halbe Bier besänftigen, owa bloß momentan. Am nächsten Dog is er wieder do! Und jeden Dog vier, fünf Halbe Bier, des is aaf Dauer aa nix! Weil dann kimmt zur Bandscheim d'Leber aa no dazua! Vom Führerschein mog i gar ned reden! Weil mit 5 Halbe Bier bist du eventuell über 0,5 Promille.

Max: Ja, des könnt knapp wern! Apropos Leber: I hob allaweil so rote Fleck aaf da Haut, bevorzugt unter der Achsel und in de Kniakehlen. Es waar ned wega da Optik, des waar mir wurscht, owa de Krippeln jucken dermaßen, grad in der Nacht! I wenn ned wega dem Bieseln sowieso aafsteh miassert, dann miassert i wega dem Jucka!

Kare: Jucka duats mi aa öfters. Da Doktor sagt, des is a Allergie gegen irgendwos, er woaß owa ned, gegen wos.

Mane: Wahrscheinlich gegen dei Gattin!

Kare: Möglich waars. *Grinst.* Owa da Doktor moant, eher gegen a Lebensmittel oder a Gewürz oder so. Mei, da Körper is halt nimmer wia früher, damals hod man alles fressn kinna und nix hod gjuckt. I hob vor 30 Jahrn aaf d'Nacht um neine einen Schweinshaxn mit drei Knödel gessn und als Dessert umara halbe elfe a Currywurscht, problemlos!

Hein: *Der wie immer hinter der Theke steht und sich die jämmerliche Konversation des Stammtisches geduldig angehört hat:* Also Männer, etza derfts langsam aafhörn! Habts denn ihr koa anders Thema wia Krankheiten? Do wirdma ja schwermütig, wenn man sich des ohörn muass! Bandscheim, Knia, Blase, ihr seids ja komplette Wracks! Direkt a Wunder, dass ihr no lebts!

Kare: Hein, wo du recht host, host du recht! Redma amal über wos anders! Redma übern Hein. Hein, dann sag amal: Wie war dein Tag?

Hein: Omei, hör mir aaf! I hob heit vormittag scho a Magen- und Darmspiegelung ghabt!

Bertl: Kathi, zahln! Etza glangts!

Rudi haut auf den Tisch

Wir leben gottlob in Zeiten der Gleichberechtigung zwischen Mann und Frau. Die unseligen Zustände von früher, in denen der Mann noch alles bestimmte und das Eheweib klaglos zu gehorchen hatte, sind vorüber. Zumindest im angeblich christlichen Abendland sind sie vorüber, sagt man. Ehrlich gesagt, wenn ich manche Beziehungen so sehe: Ich glaubs nicht ganz!
Auf der anderen Seite soll es aber auch Fälle geben, falls man Gerüchten glauben darf, in denen sich die Herrschaftsverhältnisse innerhalb einer Mann-Frau-Beziehung ins Gegenteil verkehrt haben. In diesen Beziehungen haben angeblich die Frauen das alleinige Sagen – unglaublich! Militärisch würde man es „Befehlsgewalt" nennen. Wie gesagt: Falls man Gerüchten glauben darf! Ich persönlich kann das natürlich nicht bestätigen, im Gegenteil! Ich lebe in einer Beziehung, in der man sich gerecht alles aufteilt, was im Leben so anfällt – wobei ich zugeben muss, dass meiner Frau sogar der schwierigere Teil zufällt: Sie muss alles aussuchen und entscheiden, ich Glücklicher dagegen darf es abholen und bezahlen! Aber sie duldet diese ungerechte Arbeitsteilung, die eindeutig mich bevorteilt, also: Alles gut!
Doch es gibt, wie oben erwähnt, auch Fälle, wo es nicht gut ist, zum Beispiel beim Rudi. Er fühlt sich, nicht zu Unrecht, sehr unterjocht und weiß sich nicht mehr zu helfen gegen seine dominante und herrschsüchtige Ursel. Doch wozu hat man Stammtischkameraden, die, oft seelisch gestählt durch jahrzehntelange Ehen, gute bzw. zumindest gutgemeinte Tipps geben!

Bertl: Rudi, wos schaust denn gar so zwider?
Kare: Des stimmt! Rudi, du schaust, wia wenn du a Magengschwür hättst! Hast oans oder wos is denn? Sprich mit uns!
Rudi: *Grantig-niedergeschlagen:* Weil mi des aufregt! Weil mi des am Tod aufregt! Sogar wenns ned da is, kommandierts mi no umananda, sogar wenns weg is! Mi regt des dermaßen auf!
Kare: Wer?
Rudi: Ja, wer denn scho: Mei Ursel!
Mane: *Grinsend:* Hast ebba du dei Alte ned im Griff oder wos?
Rudi: Also du brauchst mir fei koane solchen blöden Fragen stellen, grad du ned! Weil wos die Alte betrifft: Du hast ja ned amal oane! Also sei du staad!

Mane: *Geknickt:* Des stimmt aa wieder, i hob ja ned amal a Alte. Wenn i ehrlich bin, waar mir a Junge sowieso liawa. I möcht gar koa Alte!

Pfarrer: Also, meine Herren, wenn ich etwas bemerken darf: Sprecht doch nicht immer von der „Alten"! Das klingt so abwertend gegenüber dem weiblichen Geschlecht! Sagt doch „meine Frau" oder noch besser „meine Gattin". *Mit erhobenem Zeigefinger:* Ehret die Frauen!

Mane: *Zynisch:* Wos des betrifft, is ja d'Kircha a leuchtendes Beispiel!

Pfarrer: *Leicht verlegen:* Äh, das wäre in der Tat ein abendfüllendes Thema, aber das würde heute den Rahmen sprengen und zu weit führen!

Kare: Genau! Etza erzähl, Rudi, wo fehlts denn?

Rudi: Des miassts eich amal vorstelln: D'Ursel is vier Tage auf Wellness mit zwoa Freundinnen. I war so froh, wia sie mir vor sechs Wochen gsagt hod, dass sie vier Tage aaf Wellness is, so froh war i! Weil i mir denkt hob, do hob i wenigstens vier Tage mei Ruah und koa alte Sau kommandiert mi umananda!

Pfarrer: Also Rudi! Ich darf doch bitten! Alte Sau – sowas sagt man nicht!

Erwin: Genau, do hod da Hochwürden recht! Dei Frau is doch no gar ned so alt!

Rudi: So wars doch ned gmoant, „koa alte Sau", des sagt man halt aso! Damit hob i doch ned d'Ursel persönlich gmoant!

Kare: Is scho klar Rudi, is scho klar! *Fürsorglich:* Kommandierts di ebba sonst immer recht umananda?

Rudi: Frage nicht, Kare, frage nicht! I bin doch dahoam da Depp der Nation! I hob eichs ja scho oft erzählt: I wenn dahoam bin und sie aa, i hob keine ruhige Minute, dauernd fallt dera wos ei! Den Abfall außetragen, den Komposthaufa umschaufeln, d'Mülltonne außestelln, d'Mülltonne einaholn, d'Garage ausweißn, den Zaun streicha, den Dachboden aufraama, mit dem Hundsviech außegeh …, i hob koa Ruah!

Max: Da Hund konn nix dafür!

Rudi: Ja, scho klar, war ja bloß a Beispiel! Auf jeden Fall hob i keine Entspannung dahoam, null! Ein Befehl jagt den anderen!

Mane:	Ja sag amal, des gibts doch ned! Gönnt die dir keine Minute, dass du di amal hisitzen kannst und a Halbe trinka?
Rudi:	A Halbe? I schaff zeitlich ned amal an Schoppen, weil ihr sofort wieder wos eifallt! Wenns nach dem geht, derfad i bloß Schnaps saufa, weil des ginge schneller! Owa des is aa koa Lösung, und passen daads ihr sowieso ned! Unlängst hob i alles erledigt ghabt aaf d'Nacht um holwe neine. I sitz mi hi, fix und foxi – kaum sitz i, höres scho schrein: „Ruuudiii! Kimm auffa, schnell! Um Gottes Willen kimm!" Gschrian hods wie ein Ochs!
Max:	*Grinst erwartungsfroh.* Wars ebba im Schlafzimmer und hätt Gelüste ghabt?
Rudi:	Vergiss des! De und Gelüste!
Erwin:	Wars am Dach oben?
Rudi:	Naa, im Bad wars. I hob mir denkt, wunder wos passiert is, weils aso gschrian hod, und bin sofort aufe ins Bad. Stehts drin, völlig unversehrt und schreit: „Ruudiii, machs tot! Sofort!"
Kare:	Spinnt de? Machs tot? Wos tot?
Rudi:	Genau des hob i aa gsagt: „Ja fix, wos soll i denn totmachen?"
Bertl:	Hättst **sie** tot gmacht, dann waar a Ruah gwen!
Pfarrer:	Also Hubert! Ich darf doch sehr bitten!
Bertl:	War a Witz, Herr Pfarrer, war a Witz! Kennens mi doch, Herr Pfarrer, i mach doch gern amal a Witzerl. I bin so! *Lächelt entschuldigend.*
Pfarrer:	Aber man macht doch keine Witze über Gewalt gegen Frauen!
Bertl:	*Kleinlaut:* Sie hamm scho recht, Herr Pfarrer, Sie hamm scho recht! Tschuldigung!
Pfarrer:	*Gütig:* Es sei dir verziehen!
Bertl:	*Wieder selbstbewusster, da ihm verziehen ist:* Rudi, wos hättst denn nacha totmachen solln?
Rudi:	Im Eck is a Spinn gsessn! I hobs glei gar ned gseng, owa sie hod hideit und gschrian: „Da sitzts, da sitzts, machs tot! De is so greislich, machs tot! Sofort!"
Kare:	Aso ein Gschroa wega an Insekt! So ein hysterisches Weiberts, Wahnsinn! *Schüttelt verständnislos den Kopf.* Wenns a

	Kobra gwen waar oder a Skorpion – owa a Spinn! Unmöglich! Woaß de ned, dass a Spinn a Nutztier is? De frisst Milben und andere Drecksviecher, die wo an Juckreiz verursachen!

Rudi: Des is doch dera wurscht! Des Gschroa is no schlimmer worn! No deutlich schlimmer – und aggressiver!
Kare: Ja warum? Is no a Spinn daherkema?
Rudi: Naa, des ned, owa i hob zu ihr gsagt ...
Max: Zu da Spinn?
Rudi: Naa, zu da Ursel hob i gsagt: „Ach, a Spinn is des! I hob gmoant, des is a Dreg!" Omei, omei, hätt i bloß des ned gsagt! Ihr hätts amal de Ursel hörn solln! De is ausgflippt, de hod gschrian wia ein Deifl, wia da Luzifer!
Pfarrer: Luzifer war nicht immer ein Teufel, er war ursprünglich ein Erzengel! Er wurde von Gott gestürzt!
Rudi: Des is mir aa wurscht, ob der katholisch war oder ned! „Wie bitte?", hods gschrian, „wie bitte? Is des da Dank, dass i des Haus immer pikkobello putz? Dass i einmal in der Woche vom Keller bis zum Dachboden aaf meine Knia rumrutsch und mir de Haut mit Putzmittel kaputt mach, bloß damit der Dreg keine Chance hat? Is des der Dank, dass du dann sagst, du segst an Dreg im Bad? Ersticken sollt i di lassen in dein Dreg, du Messi du!" Des hods gsagt, beziehungsweise gschrian.
Mane: *Grinsend:* Wieso sagt de Messi zu dir? Spielst du Fußball?
Rudi: Depp! De hod doch aso an Müllsammler gmoant, der alles versaut und jeden Dreg aufhebt!
Mane: Ja, scho klar, war bloß a Witz!
Max: *Völlig ahnungslos, da nicht fußballinteressiert:* Hä? Wos für a Fußballer sammelt denn Müll?
Kare: *Grinsend:* Da Müller! Drum hoaßt er ja aso! *Alle lachen, außer Max, der nichts versteht und Rudi, der von seiner Frau schikaniert wird.*
Max: Depp!
Kare: Alles klar, Max, host recht! Also Rudi, wenn i des Elend aso hör vo dir, i konn dir bloß oan Rat geben: Du derfst dir des nicht bieten lassen, du muasst amal am Tisch haun dahoam,

	dass d'Tischplattn wackelt! Zoag ihr amal, wo da Bartl den Most holt! Lass di ned aso schikaniern!
Rudi:	Des hob i gmacht! Das habe ich doch gemacht! Vor vier Wochen hob i des gmacht! Do hods mir wieder irgend an Schmarrn angschafft, genau, dass i d'Mülltonne außestellen soll, dann hob i mit da Faust am Tisch ghaut und hob gsagt: „Könntest ned eventuell vielleicht du aa amal de Mülltonne außestellen? I bin nämlich ned bei da Müllabfuhr, sondern i wohn do!" Des hob i gsagt.
Kare:	Und wos hod sie gsagt?
Rudi:	Dass i den Tisch abwischen soll, weil i durch des Am-Tisch-Haun mit meiner fettigen Hand an Fleck higmacht hab, weil i hob a Räuchermakrele gessn, und dass i dann de Mülltonne außestelln soll. Und außerdem soll i ned immer de blädn Makrelen essen, weil alles so fettig wird, i soll liaba wos Normals essen wia jeder andere Mo. I hob dann den Tisch abgwischt, weil wos willst macha, dann machstas halt!
Kare:	Also Rudi, ohne Schmarrn: Schlimmer gehts nimmer!
Rudi:	Doch, es geht no schlimmer! Etza kommandierts mi sogar vom Eichenhof aus!
Erwin:	Eichenhof? Wos is nacha des?
Rudi:	Des is des Hotel, in dem de drei Weiber wellnessen vier Dog lang. Heit is da zwoate Dog. Etza grad, kurz bevor i zum Stammtisch furt bin, hods mi ogruafa und hod gsagt, i muass unbedingt die Biotonne rausstelln, des derf i aaf koan Fall vergessen. Abfuhr is zwar erst übermorgen, owa sicherheitshalber, falls i es moang vergessn daad, dann daads scho draußen steh! Dann hods gsagt, i soll aaf d'Nacht unbedingt alle Rollo owalassn, dass koa Einbrecher einekimmt ins Haus.
Max:	Und? Host des dann gmacht?
Rudi:	I hobs gmacht, dass a Ruah is!
Max:	I hätts ned gmacht! I hätt gsagt: „Ursel, dua du wellnessen, i geh am Stammtisch! Und wos i sunst no mach, des konn dir wurscht sei! Und wenn i fünf Mass sauf, dann sauf i fünf Mass!" Des hätt i gsagt! I waar do radikal! Du muasst ja dann ned zwangsläufig fünf Mass saufa, owa zumindest waars gschockt.

Rudi: *Kleinlaut:* Des hob i ned gsagt, weil i wollt koa Diskussion und in Ruhe zum Stammtisch geh, ohne nervliche Belastung im Vorfeld. Owa moang, do lasses kracha! Moang dua i wos, des wenns wissert, do daads durchdrahn! *Grinst selbstbewusst und erwartungsfroh angesichts der Schandtat, die er vorhat.*

Kare: Neugierig, wie die anderen auch: Oläck, wos duast nacha moang?

Rudi: Moang in da Friah dua i de Rollo gar ned in d'Höh, dann brauches aaf d'Nacht ned runterlassen! Und ihr sog i des nicht! Hihi! Des wenns wissen daad, dass alle Rollo den ganzen Dog herunten san, de flippert aus, owa i sogs ihr ned! A Hund bin i scho!

Bertl: Kathi, zahln! Etza glangts!

Drittes Gerücht: Der Lottogewinner

Das Scheitern von Beziehungen sowie außereheliche Intimitäten von Personen, die man kennt, nehmen in der Beliebtheitsskala der Gerüchte seit jeher die ersten Plätze ein. Gern gesprochen wird aber auch über angebliche Lottogewinne im siebenstelligen Bereich, die jemand erzielt hat. Das Seltsame am Glücksspiel ist ja, dass die Chance, vom Blitz erschlagen oder vom Zug überfahren zu werden, nüchtern vom Balkon zu fallen oder beim Schafkopf einen Acht-Trumpf-Solo zu verlieren, deutlich höher ist als die Chance, den Jackpot beim Lotto zu knacken. Trotzdem rechnet man viel eher mit einem Millionengewinn als mit den oben genannten Katastrophen!

Aber andererseits: Fast jede Woche gewinnt jemand viel Geld, manchmal auch jemand aus der näheren Umgebung! Das Dumme ist nur, dass man nicht definitiv weiß, wer „jemand" ist. Doch wenn man eine gewisse Kombinationsgabe besitzt und die Fähigkeit, verräterische Indizien zu bemerken und richtig einzuordnen, dann hat man den „jemand" bald entlarvt und kann sich Gedanken darüber machen, was er denn mit dem unverdienten (denn verdient hätte man diesen nur selber!) Millionengewinn anfangen wird.

Max:	Und? Wos gibts Neis?
Mane:	Da FC Bayern hod gwunna.
Max:	Des is doch nix Neis.
Mane:	Host aa wieder recht.
Kare:	Apropos gwunna: Habts des in da Zeitung glesn vor ungefähr vier Wochen?
Erwin:	Naa, des hob i ned glesn. Wos denn?
Kare:	Bei uns im Landkreis hod oaner 2,4 Millionen Euro im Lotto gwunna!
Max:	Oläck! Wer?
Kare:	Des steht natürlich ned in da Zeitung, des is Datenschutz!
Max:	*Aggressiv:* Scheiß Datenschutz! Der bringt uns no alle um! Koaner sagt dir mehr wos! Am Finanzamt hob i ogruafa, weil i a Kopie vo mein letzten Einkommensteuerbescheid braucht hob, hamms gsagt, i muass mi ausweisen, sunst kriag i koa Auskunft! Mich ausweisen am Telefon! Lauter Deppen!

Erwin:	Des stimmt! Owa ned bloß im Finanzamt. I hob im Rathaus ogruafa und hob gfragt, ob mei Schulkamerad, da Schousta Ferdl, am 15. oder am 16. oder am 17. April Geburtstag hod, dass i eam ned zu früh oder zu spät gratulier. De hamm mir des nicht gsagt! I hob eam dann vor lauter Zorn überhaupt ned gratuliert! Do konn er sich dann bei de Düpferlscheißer im Rathaus beschwern! Woaßt, wos der Beamte zu mir gsagt hod am Telefon? Der hod gsagt, wenn da Schousta Ferdl gstorben waar, des dürfte er mir sagen! Owa leider lebt er no und drum is sei Geburtsdatum datengeschützt. Des muasst dir amal vorstelln, do muasst zerst sterm, dass de a Auskunft über di rausrucka, Wahnsinn!
Kare:	Max und Erwin, i gib eich vollkommen recht! Aber zruck zum Lottogewinner: I hob aus sicherer Quelle ghört, dass des oaner aus unserer Gemeinde sein soll!
Mane:	Ehrlich? Vo wem host nacha des ghört?
Kare:	Des woaß i nimmer genau, owa es war a sichere Quelle!
Rudi:	2,4 Millionen! Des is a Haufa Holz! Host koan Verdacht, Kare? Weil normal fallt des scho auf, wenn oaner plötzlich Millionär is, vor allem wenn er es vorher ned war!
Max:	Es sei denn, er hod a Hirn und lasst es sich ned ankenna, dass er Millionär is!
Erwin:	Owa a Hirn hamm de wenigsten!
Max:	Des stimmt! Da Dachshuber Quirin zum Beispiel, der hod koa Hirn! Der is a glatts Rindviech!
Erwin:	Den kenn i gar ned.
Max:	Des is wurscht, der wohnt in Hinterdings. Auf jeden Fall hod der koa Hirn! Stellts eich amal vor: Dem sei Wies is in den Bebauungsplan einekema, dann hod er den Grund für 350.000 Euro verkafft. 350.000 Euro hod der kriagt für sei sauere Wies!
Erwin:	Wahnsinn!
Max:	Da wahre Wahnsinn kimmt erst! Wos duat da Quirin? Nimmt des ganze Geld und fahrt in d'Spielbank!
Kare:	Des ganze Geld?
Max:	Alles, radebutz!
Kare:	Ja, um Gottes Willen! Und dann hod ers natürlich verspielt, weil er koa Hirn hod!

Max:	Im Gegenteil! Er hod noml 350.000 Euro dazuagwunna! Etza hod er 700.000 Euro! Des muasst du dir amal vorstelln!
Erwin:	*Irritiert:* Ja, owa du host doch gsagt, er hod koa Hirn und is a Rindviech!
Maxc:	Ja eben! Der muass a Rindviech sei, weil es hoaßt doch: Das Glück ist ein Rindviech und sucht sich seinesgleichen! Und wenn oaner so viel Dusel hod wia da Dachshuber Quirin, dann is er eindeutig ein Rindviech.
Erwin:	Achso, aso moanst du des! Ja dann, dann is des logisch! Da Dachsmeier …
Max:	Dachshuber!
Erwin:	Da Dachshuber hod koa Hirn. Dann is des logisch!
Rudi:	Owa 700.000 Euro hod er, des is aa ned ohne!
Kare:	700.000 Euro san vielleicht sogar besser wia a Hirn. Es gibt etliche, da hamm an Haufa Geld und koa Hirn – und de hamm kein unangenehmes Leben, des sog i eich! Im Endeffekt bin i der Meinung: Liawa reich und bläd als arm und gscheit!
Max:	Wobei reich und gscheit natürlich die Ideallösung waar!
Kare:	Owa des is selten!
Mane:	Etza hörts aaf mit dem Schmarrn! Kare, host an Verdacht, wer der Millionengewinner sei könnt?
Kare:	*Vielsagend grinsend:* An Verdacht hob i scho, an ganz an konkreten Verdacht sogar!
Pfarrer:	Also, meine Herren, wenn ich etwas bemerken darf: Geld ist nicht alles! Der schnöde Mammon ist ein Werkzeug des Teufels! Geld verdirbt den Charakter, Geld führt zu Kriegen und Verderben! Wir sollten uns nicht am Geld orientieren, das einer besitzt, sondern an seinem Charakter! Und neidisch sollten wir schon gar nicht sein, nicht umsonst gehört der Neid zu den sieben Todsünden!
Max:	Do hamms natürlich recht, Hochwürden, also grundsätzlich hamms do recht. Owa direkt schaden duats aa ned, wennma a Geld hod, oder? Aaf da andern Seitn: Neidisch bin i koan, der wo Millionär is! A Reicher stirbt sich hart! Des is des Gerechte: Wennst in da Kistn drinliegst, dann is aaf de Millionen gschissn! Mitnehma konnst dir nix, des is des, wos mi

	gfreit! Im Endeffekt gehst du ohne alles, grad aso, wia du kema bist!
Pfarrer:	Da hast du recht, Max, da hast du vollkommen recht! Das letzte Hemd hat keine Taschen!
Mane:	De letzte Hosn aa ned! Und da Sarg hod koa Regal! Owa des is etza zweitrangig. *Drängend:* Kare, etza sog – wen host denn in Verdacht?
Kare:	*Geheimnisvoll:* Kennts ihr den Wuntinger Hans?
Erwin:	No freilich kenn i den Hans! Fliesenleger is er, scho Jahre! Der hod mei Bad gfliest, schwarz natürlich. Von der Farbe her hellblau.
Kare:	Genau, der!
Erwin:	Und der hod 2,4 Millionen im Lotto gwunna?
Kare:	Ned hundertprozentig, owa eher scho als wia ned! Also 90 Prozent bestimmt! Weil d'Indizien sprechen a deutliche Sprache!
Erwin:	D'Indizien? Wos für Indizien?
Kare:	Etz passts auf: Da Hans fahrt doch scho seit Jahren aso a rostige Russenschaukel, an gebrauchten Lada ...
Max:	Scho ewig!
Bertl:	Mi wunderts, dass der no ned hi is, der alte Karrn!
Kare:	Auf jeden Fall hod er seit letzter Woch ein nigelnagelneies Auto!
Mane:	Do schau her! Wos für oan?
Kare:	Metallic!
Mane:	Naa, wos für a Modell?
Kare:	Des woaß i etza ned so genau, owa auf jeden Fall a Auto, do woma sagt: „Jawoll, des is a Auto!" Preislich daad i sagen, so umara 35.000 Euro, eventuell sogar mehr, also weniger bestimmt ned.
Pfarrer:	Ja gut, dann hat er halt ein neues Auto gekauft; das ist doch bei Weitem kein Hinweis auf einen Lottogewinn! Vor allem, wenn er schon lange ein altes Auto fährt! Wenn jeder, der sich ein neues Auto kauft, gleich ein Lottomillionär wäre, dann gäbe es viele!
Kare:	Jaaaa, des scho, Herr Pfarrer, des scho! *Mit belehrend erhobenem Zeigefinger:* Aber es gibt ja weitere Indizien, und zwar handfeste! Des neie Auto, des war ja bloß der erste Hinweis!

Pfarrer:	In der Tat? Es gibt weitere Indizien?
Kare:	Hundertprozentige! Etza passens auf: Am Samstag vormittag war i beim Eikaffa beim Metzger. Wias da Deifl hom will, steht da Wuntinger Hans neba mir! Weil i mir no denkt hob: „Ja gibts des aa, steht da Wuntinger Hans neba mir!"
Pfarrer:	Also Karl! Da hat doch der Teufel nichts damit zu tun! Du darfst nicht immer gleich den Fürsten der Finsternis ins Spiel bringen!
Kare:	Do hamm Sie recht, Herr Pfarrer, do hamm Sie recht! Deiflmäßig bin i a weng leichtfertig. I sog aa beim Essen manchmal spontan „pfui Deifl", obwohl i genau so guat „igitt" sagen kannt. Do denk i manchmal zu wenig nach, do hamm Sie recht. Aaf jeden Fall steht da Wuntinger Hans neba mir und sagt zur Verkäuferin, dass er fünf Rindsrouladen möchte.
Max:	*Total überrascht:* Fünfe glei! Spinnt der? Der hod doch bloß oa Frau dahoam und sunst nix! Ned amal an Hund! Und dann fünf Rindsrouladen! Nobel geht die Welt zugrunde! Also wenn des koa Indiz is, dann woaß i nimmer! I lass mir fünf Scheiben Pressack eigeh, des is finanziell no im Rahmen, owa fünf Scheiben Rindsrouladen, des is scho hübsch dekadent!
Kare:	Warts ab, des wird no viel krasser! Die Indizien verdichten sich!
Max:	Oläck!
Kare:	Genau! Sagt die Verkäuferin: „Herr Wuntinger, da hamms ein Glück! Weil mir hamm heit Rindsrouladen im Angebot! Es sei denn, Sie wolln ausdrücklich de teureren, de könnens natürlich auch haben! De sind milder vom Fleisch her, aber halt deutlich teurer!" Dann sagt er, i hob mir denkt, mi trifft da Schlag: „Gebens mir fünf von de deiern! Wenns um Qualität geht, dann schau i ned aufs Geld! A paar Euro hi oder her, des ist doch wurscht!"
Bertl:	Wahnsinn! A neis Auto, fünf Rouladen und dann no vo de deiern! Also dann is des klar, da Hans is da Lottomillionär! Do verwett i alles!
Rudi:	So ein Duselbauer!
Mane:	Das Glück ist ein Rindviech!

Pfarrer: Bitte kein Neid, meine Herren! Wie ich schon sagte: Neid ist eine Todsünde!

Mane: I bin eam doch ned neidisch, i moan ja bloß, dass des ned braucht, dass oana dermaßen an Dusel hod, vor allem da Wuntinger! Owa neidisch bin eam ned.

Kare: De Indizienkette geht ja no weida! Der noble Auftritt beim Metzger war ja no gar nix gega des beim Juwelier! *Sofortige Stille und allgemeines Augenaufreißen, da der Juwelier eine ganz andere Dimension der Noblesse ist als der Metzger. Fünf Luxusrindsrouladen sind zwar auch schon der Welt der Reichen und Schönen zuzurechnen, doch ein Schmuckstück sprengt alle Rahmen des Vernünftigen!*

Mane: Juwelier??? Wos war denn beim Juwelier? Weil wenn beim Juwelier wos war, dann is des glasklar, dass der Hans de 2,4 Millionen gwunna hod! Do beißt die Maus koan Faden ab! Mitten unterm Jahr geht doch a normaler Mensch ned zum Juwelier, niemals! Des is a Indiz, hundert pro! *Drängend:* Kare, erzähl!

Kare: *Genießt die ihm zuteil werdende Aufmerksamkeit aller, sogar Hein und Kathi horchen gespannt von der Theke aus zu.* Also, es is aso: Mei Tochter hod a Bekannte und de kennt oan, der hod a Freindin, und dera ihra Schwester, a bissl a festere, de arbeitet in Straubing beim Juwelier. Und de hod erzählt, dass da Wuntinger Hans a goldene Halskettn kafft hod, mitten im Juli!

Bertl: Etza muass i scho dumm fragen: Woher kennt denn de den Wuntinger? So bekannt is der doch aa wieder ned, dass er in Straubing a Begriff is.

Kare: Weils drei Heiser neba eam wohnt, des san ja fast Nachbarn! De wohnt im Dorf und arbeitet in Straubing beim Juwelier, sowos gibts!

Bertl: Und de hod des erzählt?

Kare: Haargenau! De hod des erzählt! A goldene Halskettn mitten unterm Jahr, des is doch ned normal!

Max: Is ja scho an Weihnachten zviel, geschweige denn im Juli! Im Juli hod a Goldschmuck nix verlorn!

Mane:	Dann is da Wuntinger Hans Millionär, nicht zum glauben! A Fliesenleger! *Schüttelt den Kopf.* Da typische amerikanische Traum: Vom Fliesenleger zum Millionär!
Max:	Des hoaßt vom Tellerwäscher zum Millionär!
Mane:	Is ja fast des gleiche von der Karriere her.
Pfarrer:	Es scheint beinahe so, dass es wahr ist – obwohl das alles natürlich auch nur ein Zufall sein kann!
Erwin:	A Zufall? Also, Herr Pfarrer, sans mir ned bös, owa etza kemmans a bissl in an Schmarrn eine! A neis Auto, fünf saudeierne Rindsrouladen und dann no a goldene Halskettn – also des is kein Zufall nimmer!
Max:	Do host du recht, Erwin! I hoff bloß, dass da Hans auf dem Teppich bleibt als Millionär! Er is zwar a netter Kerl, owa des hod man ja scho öfter ghört, dass so Millionengewinner komplett durchdraht san! Alkohol, Drogen, Nutten, alles! I hob am Fernseh an Bericht gseng, da hod oaner in Amerika 5 Millionen Dollar gwunna, dann hod er sich a Yacht kafft und is im Kokainrausch kentert und aus wars! Do pfeif i aaf de 5 Millionen, wenn des ausakimmt dabei!
Pfarrer:	*Mit erhobenem Zeigefinger:* Jaja, Geld verdirbt den Charakter! Andererseits haben schon die alten Römer gesagt: Pecunia non olet!
Max:	Wos hamms gsagt?
Pfarrer:	Pecunia non olet!
Mane:	Und wos hoaßt nacha des?
Pfarrer:	Geld stinkt nicht!
Max:	Des is aa wieder wahr! Des hamms gwisst, de alten Römer, de warn ned dumm! De hamm bestimmt allaweil a paar Euro drin ghabt im Römertopf! *Allgemeines Gelächter wegen des genialen Wortspiels mit dem Römertopf.* Auf jeden Fall hoff i, dass da Hans da Alte bleibt, weil er is ned zwider!
Kare:	Und wollma hoffa, dass er aa seiner Frau treu bleibt! Weil Geld macht sexy, des is bekannt! Da Hans is ned da Scheena, des wissma, owa des oane sog i eich: Des wenn etza richtig bekannt wird, dass der Millionär is, dann rennen eam de junga Weiber Tür und Tor ei!
Mane:	*Niedergeschlagen:* Mir rennt koane Tür und Tor ei!

Kare:	Is doch klar: Du bist koa Millionär und dei Schönheit alloa reißts ned außa, überhaupt ned! Mach dir in der Richtung koane Illusionen ned, du bist null sexy! Es gibt vereinzelt Männer, de san ohne Geld aa sexy ...
Mane:	*Zynisch:* Du zum Beispiel, oder?
Kare:	Ach wo, i aa ned! Owa du erst recht ned!
Max:	Des is etza wurscht, ob oana vo eich zwoa sexy is oder ned, eher ned. Druckma aaf jeden Fall alle dem Wuntinger Hans d'Daama, dass er moralisch standhaft bleibt, aa wenn eam de junga Flitscherln Tür und Tor eirennen!
Pfarrer:	Das gebe Gott!
Mane:	Sagens eam an scheena Gruass, dem lieben Gott, Herr Pfarrer! Der könnt ja dann de Flitscherln zu mir schicka!
Pfarrer:	*Vorwurfsvoll:* Manfred!
Mane:	I moan ja bloß!

Die Tür geht auf, Hans Wuntinger, ein eher seltener Gast, kommt herein. Ein sofortiges Verstummen des Gesprächs und ungläubige Blicke der gesamten Stammtischbesatzung sind die Folge.

Hans:	Griaß eich mitnand! Habts no a Platzerl für mi?
Kare:	*Hat als erster seine Sprechblockade überwunden:* N...no freilich, Hans, sitzde her!
Hans:	*Setzt sich.* Und? Alles klar? Is wer gstorm, weil ihr so schauts?
Max:	N...naa, a...alles klar soweit! Alles in deutscher Hand!
Hans:	Warum schauts ihr denn dann so sparsam?
Max:	Hans, sei mir ned bös, etza frag i di glei direkt: Is etza des wahr, dass du im Lotto gwunna hast?
Hans:	*Verwundert:* Äh, ja! Woher wissts denn ihr des? Des woaß doch normal koa Mensch!
Kare:	Wega de Indizien!
Hans:	Indizien? Wos für Indizien?
Kare:	A neis Auto, saudeiere Rindsrouladen – und zwar glei fünfe – obwohl de normalen im Angebot warn! Und dann host deiner Frau no a goldene Halskettn kafft in Straubing, obwohl ned Weihnachten is! Also wenn des koane Indizien san, dann friss i an Besen! Und in da Zeitung is gstandn, dass

	oaner 2,4 Millionen im Lotto gwonna hod. Wer oans und oans zammzähln konn, der woaß dann Bescheid!
Hans:	*Lachend:* Ja Wahnsinn, ihr seids ja topp informiert!
Max:	Des hoaßt, dass des alles wahr is?
Hans:	Alles! Also fast alles! Des neie Auto is a Jahreswagen, den hob i günstig kriagt, und braucht hob i dringend oans, weil mei treuer Lada nach 23 Jahren sein Geist aufgeben hod. De Rouladen vom Angebot hob i ned gnumma, weil do warn des letzte Mal dermaßen viel Flachsen drin, dass mir alles verganga is. Liaber zahl i drei Euro mehr und konns gscheit beißen. Mei Frau hod gsagt, i soll aaf jeden Fall nimmer de vom Angebot nehma. *Apropos Frau:* De Halskettn, de hob i für mei Frau kafft zur Silberhochzeit!

Die Augen und Münder aller stehen weit offen, selbst Wirt Hein und Bedienung Kathi sind baff und auch etwas enttäuscht über die sensationslosen Erklärungen des vermeintlichen Millionärs Hans Wuntinger.

Kare:	Soso, so is des! Hm, ja wenn des aso is, dann muass i scho dumm fragen: Host jetza im Lotto gwonna oder ned?
Hans:	Freilich!
Erwin:	Also doch! Dann hättst dir owa a neis Auto aa kaffa kinna und koan Jahreswagen!
Hans:	Naa Erwin, für an neia hätts ned glangt!
Kare:	No geh, etza derfst owa aafhörn! Bei 2,4 Millionen spielt des doch koa Rolle ned!
Hans:	2,4 Millionen? De waarn recht! I hob ja bloß an Vierer ghabt mit Superzahl, insgesamt 241 Euro und 30 Cent. So viel hob i allerdings bisher no nie gwonna!
Kare:	*Enttäuscht:* Achso! Ja dann hätt owa a silberne Halskettn aa glangt, weil es is ja bloß die Silberhochzeit!
Bertl:	Kathi, zahln! Etza glangts!

Haustierfreunde unter sich

Ein Haustier bereichert das Leben und ist eine (meist) willkommene Abwechslung im öden Alltag. Einerseits! Andererseits kann es auch zu Belastungen und Ärgernis bis hin zum Ekel führen, man denke nur an Vogelspinnen, die der Mann hält und vor denen einer Frau graust!
Relativ pflegeleicht ist in diesem Zusammenhang die Gattung der Fische. Sie verlangen weder menschliche Zuwendung, noch müssen sie Gassi geführt werden wie Hunde, oder verkratzen Couch und Teppiche wie Katzen, ganz zu schweigen vom Geruch, den Meer- und Hausschweine oder auch Hamster verbreiten. Hamster verursachen auch noch ein schlechtes Gewissen, weil sie sportlich sind und ständig im Hamsterrad rundum rennen, während man selber träge mit Chips oder Schokoriegeln, welche man mit Cola hinunterspült, auf dem Kanapee sitzt und dabei laufend bzw. sitzend zunimmt. Auch beim Unterwirt kam das tierische Thema am Stammtisch schon zur Sprache.

Bertl:	Etz is soweit, etz hamma an Hund!
Kare:	An Hund habts?
Bertl:	An Hund hamma!
Pfarrer:	Der beste Freund des Menschen!
Bertl:	I wollt ja koan, owa mei Madam! Und im Endeffekt hods immer kriagt, wos sie wollt, mei Lebensgefährtin, weil i Diskussionen ned mog! Notfalls kaaf i an Hund, Hauptsach, es gibt koan Stress!
Ewin:	Und wenns an Elefant will?
Bertl:	Es gibt Grenzen! Bei einem Elefant daads i auf a Diskussion drauf okema lassen! Owa den Hund, den hob i ohne zu murren kafft.
Mane:	Wos is denn für oaner?
Bertl:	A kloaner.
Mane:	Scho klar, owa i moan, wos für a Rass.
Bertl:	So braun eher.
Mane:	I moan ja ned die Farbe, sondern de Rass! Ned wia er ausschaut, sondern wia er hoaßt!
Bertl:	Butzl! *Allgemeines Grinsen am Stammtisch.*
Mane:	Ja sag amal, bist du so bläd oder duast bloß aso? Wia de Art hoaßt, zu der wos er ghört! A Dackel oder a Mops oder so.

Bertl:	Irgendwos mit Gold, i konn mir de Rass ums Verrecka ned mirka. Goldener Biber oder so ähnlich.
Pfarrer:	Ein Golden Retreiver?
Bertl:	Haargenau, Herr Pfarrer, aso hoaßt de Rass! Golden Dings, genau. A Ausländer is, koa Deitscher wia zum Beispiel a Schäferhund oder a Spitz.
Pfarrer:	Golden Retreiver, das sind sehr schöne Hunde! Schön anzuschauen und sehr folgsam!
Bertl:	Des konn i zum jetzigen Zeitpunkt no ned sagen, weil er is no voll kloa, der konn praktisch no nix! A bläder Hund aaf deitsch gsagt.
Kare:	Den muasst trainiern, weil wennst den ned trainierst, dann bleibt der bläd! „Sitz" und so! Oder „Platz"! A Hund is wia a Kind, der braucht Regeln! Wenn du sagst „Sitz", dann hod der zum sitzen, ohne Widerrede!
Bertl:	Wos hoaßt „Sitz", der konn ja no kaum steh, so kloa is der. Der wackelt umeinander, wia wenn er bsuffa waar! Owa nett is er scho, des muass i sagen. Er bieselt alles voll, owa wenn er di so anschaut, dann konnst eam einfach ned bös sei!
Erwin:	Des wenn i daad, dann flippert mei Frau aus, aa wenn i no so nett schaun daad.
Bertl:	Logisch, du bist ja aa koa junger Hund! A bläder eventuell scho.
Erwin:	Reiß di bloß zamm!
Max:	An ganz an jungen Menschen daadmas aa no higeh lassen, die Hibieslerei, an Säugling praktisch, der kennts ned anders.
Kare:	Am gscheitern is, du gehst mit eam in a Hundeschule. Des san Profis, de zoagn dir genau, wos du dua muasst, dass der Hund wos lernt.
Pfarrer:	Das kann ich nur bestätigen! Ich hatte auch einmal einen Hund, allerdings einen Spitz, Lumpi hieß er ...
Mane:	*Grinsend:* Spitz wie Nachbar's Lumpi hoaßt ja a alts Sprichwort!
Pfarrer:	Also Manfred!
Mane:	I moan bloß, nix für unguat! Des is mir etza spontan eigfalln wia Sie Spitz und Lumpi gsagt hamm.

Pfarrer:	Auf jeden Fall war mein Lumpi sehr gelehrig und folgsam. Er hat mir aufs Wort gehorcht. Wenn ich zum Beispiel am Morgen sagte: „Lumpi, Zeitung!", hat er mir die Zeitung gebracht! *Schwärmerisch:* Ach, mein Lumpi!
Kare:	Hod ers Eahna vorglesn aa?
Pfarrer:	Ach Karl, du immer mit deinen Witzen!
Kare:	I bin aso.
Bertl:	Also d'Zeitung holn konn unser Butzl no ned, owa er konns immerhin scho zreißn! Gestern hod er d'Fernsehzeitung komplett zerlegt. Owa du konnst eam einfach ned bös sei, weil er aso schaut, also so … so treu!
Kare:	Drum muasst ja mit eam in a Hundeschule geh, dass er lernt, dassma koa Zeitung zreißt! Zeitung zreißn is a Nogo für an Hund!
Bertl:	I? I geh mit dem aaf koa Hundeschule ned! Sie wollt den Hund und sie soll aaf die Hundeschule geh mit eam, do bin i radikal!
Kare:	Dann halt sie, aaf jeden Fall muassma einem Hund wos lerna, dann hod man aa a Freid damit.
Rudi:	Man hod ja allgemein a Freid mit an Haustier. I zum Beispiel hob a Aquarium.
Max:	Ah geh! Und wos host do drin?
Rudi:	Zwoa Giraffen und a Wildsau! Aso a bläde Frage, Fisch hob i natürlich drin, wos denn sunst!
Max:	Des is mir scho klar. I moan ja, wos für Fisch?
Rudi:	Goldfisch, weil de san anspruchslos. Denen schmeißt du jeden zwoaten Dog a bisserl a Fuada eine und ab und zu a frisches Wasser, dann san de zufrieden! Und sie schmutzen nicht! Des is ned zu unterschätzen, da Goldfisch is an sich a sauberes Tier! Des konnst von an Hund ned behaupten. Bertl, do wirst schaun! I will dir ja koa Angst ned macha, owa wenns draußen rengt und da Hund wird nass und kimmt dann in d'Wohnung eine, mein lieber Schieber! Der hundlt dermaßen, des is ein ganz ein strenger Geruch, den halt ned jeder aus. Und dann überall de Hundshoor, am Teppich, aaf da Couch, überall! Hör mir aaf! Do is a Goldfisch direkt steril dagegen, der hundlt ned und Hoor hod er sowieso koane.

Erwin:	Und selbst wenn er Hoor hätt: Des war aa koa Problem, weil a Goldfisch sitzt selten aaf da Couch, eigentlich nie!
Kare:	Aso a Schmarrn, natürlich sitzt a Goldfisch ned aaf da Couch!
Erwin:	Sog i doch!
Kare:	Unsere Kinder, wias no kloa warn, de hamm a Ding ghabt, a …, Mensch, wia hod etza des wieder ghoaßn? Hinten hods aa mit Arium aafghört, owa koa Aquarium. So a Glaskastn, wo Heihupfer drin warn und Grilln und a Eidechs, wia hoaßt etza des wieder?
Pfarrer:	Ein Terrarium?
Kare:	Genau, Hochwürden, so oans hamms ghabt! Do hamms mords eine Freid ghabt damit. Vor allem wenn da Eidechs a Grilln gfressn hod, des war immer ein mords Hallo! Alle hamms a Freid ghabt: Meine Kinder und da Eidechs – bloß de Grilln, de hod weniger Freid ghabt!
Pfarrer:	*Mit erhobenem Zeigefinger:* Es heißt „die" Eidechse!
Kare:	Naa, des waar a Manndl! Aaf jeden Fall war des scho wos Scheens, des Terrarium. Aber: Eines Tages war schlagartig Schluss!
Erwin:	Hod de Kinder des Terrarium nimmer gfalln?
Kare:	De Kinder scho, owa da Frau ned. Weil da Eidechs is aus unbekannten Gründen auskemma und mir hamm den ums Verrecka nimmer gfundn! Und mei Frau hod gsagt, sie draht durch bei dem Gedanken, dass sie im Bett liegt und mittendrin kimmt da Eidechs daher! De hod tagelang schlecht gschlaffa, weils immer Angst vorm Eidechs ghabt hod! I hob gsagt: „Hildegard, etza beruhige dich doch! Der Eidechs is doch längst über alle Berge!" Owa de war wia von Sinnen! „Solang i ned woaß, wo der Eidechs is, konn i nimmer ruhig schlaffa!", hods gsagt. „Irgendwo is der, i gspürs!", hods gsagt.
Erwin:	Ja und? Is er wieder auftaucht?
Kare:	DER ned!
Erwin:	Wos DER ned?
Kare:	I hob mir denkt, des is doch koa Zustand, wenn de Frau nimmer schlaffa konn – und dann is mir die Lösung ei-

	gfalln! I bin aaf d'Schinderhöh aufeganga, wissts scho, wo de Stoana liegen an dem Hang, rechts von de Totenbretter.
Max:	Jaja, des woaß i, do wo links der Weg owegeht zum Stockerbuckl!
Kare:	Genau, Max, genau durt! Und da legt sich immer d'Sonn voll o und do sonnen sich oft zig Eidechsen. Hab i oane packt, die wo der unsrigen gleichschaut und bin hoam mit ihr.
Max:	*Mit anerkennendem Grinsen:* Bist du ein hinterlistiger Krippl!
Kare:	Gell! Und dahoam hobs i in d'Spüle einegsitzt, d'Hildegard war im Garten, dann hob ihr gschrian: „Hildegard, kimm, schau dir des amal o! Ja gibts des aa!"
Erwin:	*Anerkennend:* Du Hundling du!
Kare:	Gell! Dann is in d'Küch kema und i hob ihr den Eidechs zoagt und hob gsagt: „Do schau her, do isa, da Ausreißer!" Dann wars beruhigt, owa sie hod gsagt: „Des war des erste und des letzte Mal, des Terrarium kimmt weg!" Dann hammas weg. De Grilln hamma no dem Eidecks von der Schinderhöh geben und dann war a Ruah. De Kinder wars eigentlich wurscht, de hamm eh scho andere Interessen ghabt, Computer, Handy und so. Da konn a Eidechs nimmer mithalten mit dem High Tech!
Erwin:	Und scho war des Problem gelöst! Hut ab! Aaf de Idee waar i ned kema!
Max:	An Eidechs hamm mir no ned ghabt, owa dafür zwoa Hasen, an brauna und an weißen. D'Kinder warn kloa damals und d'Hasen am Anfang aa. Dann hammses getauft, mei, wia halt Kinder so san! Hansi und Lieserl hamms dann ghoaßn, de Hasen.
Erwin:	Mei, nett!
Max:	Ja, am Anfang scho. Owa de Hasen wachsen ja unheimlich schnell, bei denen is d'Pubertät bloß a Frage vo Wochen, des geht zackzack. Und eines Tages kimmt da Flori, unser Jüngster, er war damals sechs oder siem Jahr alt, ins Wohnzimmer und sagt: „Papa, kimm außa! Da Hansi bringt's Lieserl um!" I hob mir no denkt: „Des hört sich ned guat o!" Und tatsächlich: I geh auße mitm Flori zum Hasenstall, sitzt da

	Hansi hint am Lieserl om und volle Pulle! Wia die Hasen! Koa Wunder, san ja Hasen!
Pfarrer:	Also Max, bitte! Muss das jetzt hier erörtert werden!?
Kare:	Jamei, Herr Pfarrer, des is halt die Natur! Do konnma nix macha! Hund', Stiere, Ratzn, Hasen, do sans alle gleich! Wennma ehrlich is, is da Mensch ned wesentlich anders! A weng humaner vielleicht, owa im Prinzip der gleiche Vorgang!
Pfarrer:	*Errötend:* Karl! Jetzt ist aber Schluss!
Max:	Herr Pfarrer, da Kare hod scho recht! Des war ein Gfetz, des könnens Ihnen ned vorstelln! I hob zum Flori gsagt, dass de spielen, des hod er sich momentan eigeh lassen. „Spielen de Cowboy?", hoda gsagt, „und da Hansi is da Cowboy und des Lieserl is des Pferd?" „Genau", hob i gsagt, „de spielen Cowboy!"
Kare:	Des is a guade Erklärung, kindgerecht!
Max:	Owa des is immer schlimmer worden! Es hod Tage geben, do is da Flori sechs- oder siem Mal ins Wohnzimmer kema und hod zu mir gsagt: „Papa, de spielen scho wieder Cowboy! Und immer muass des Lieserl des Pferd sei, des is ungerecht!" I hob dann gsagt: „Mei, Flori! Am End mag des Lieserl einfach gern des Pferd sei!"
Erwin:	Wahnsinn! So sans, de Hasen! Immer auf Vermehrung aus! Und? Wann habts dann junge Hasen kriagt? Weil des dauert bei de Hasen ned lang, bis de dann mehra san. Drum hoaßts ja: Die vermehren sich wie die Hasen!
Max:	Gar nicht!
Erwin:	Gar nicht? Des is owa ned normal! War des Lieserl krank oder wos? Oder da Hansi?
Max:	Naa, des Lieserl war kerngsund, da Hansi aa, owa mir hamm dann festgstellt, dass des Lieserl aa a Manndl war, wia da Hansi!
Bertl:	Kathi, zahln! Etza glangts!

Das Kind im Manne

Was bei Frauenstammtischen so alles im Detail besprochen wird, entzieht sich meiner Kenntnis, denn schon aus rein biologischen Gründen gehöre ich keinem an. Man ahnt es zwar irgendwie, was die Damen zu erörtern haben, aber wissen tut es keiner! Denn ich habe schon öfter festgestellt: Wenn man sich als Mann einer Frauenrunde nähert, wird gelacht und das Thema gewechselt – und darum weiß ich nicht, um was es vorher ging.
Bei Männerstammtischen weiß ich es aber, denn solchen gehöre ich sogar zweien an! Manchmal hat es einen tieferen Sinn, was die Herren erörtern, manchmal keinen allzu tiefen und manchmal einen sehr seichten! Und dann gibt es Abende, da ist überhaupt kein Sinn in der Konversation erkennbar, höchstens der Unsinn. Unsere sieben Männer des Stammtisches beim Unterwirt sind da keine Ausnahme. Und heute ist wieder mal so ein Abend, der relativ normal beginnt und im absoluten, aber gepflegten Irrsinn endet. Aber hören bzw. lesen Sie selbst!

Kare: Gestern hods den Wumper Fred mitm Mountainbike gworfa!
Erwin: Oläck! Und? Lebt er no?
Kare: Ja freilich lebt er no, owa er hod einen Handgelenksbruch!
Erwin: Rechts oder links?
Kare: Rechts!
Erwin: Shit!
Kare: Eben nicht, des is Dusel, weil er is Linkshänder!
Erwin: Dann is ja ned so schlimm!
Mane: Wos muass aa da Wumper Fred in seinem Alter no Mountainbike fahrn! Der is doch scho mindestens 70 Jahr alt!
Kare: Im März wird er 72!
Bertl: Hod er do Geburtstag, im März?
Kare: Natürlich, bläde Frage!
Max: Owa man muass scho sagen, dass da Fred scho immer Radl gfahrn is, also a Anfänger is er ned! Und de Wumperbuama, de san alle recht sportlich! Da Richard, sei Bruada, der hod Fußball gspielt, Landesliga! Grennt is der wie ein Wieserl, wenns drauf ankema is!
Erwin: Sturm oder Abwehr?

Max:	Tormann! Sportlich warns alle. Drum wundert mi des ned, dass da Fred aa sportlich is.
Kare:	Des is scho klar, owa mit dem Mountainbike hod er erst vor zwoa Jahren ogfangt, des brauchts doch nimmer in dem Alter! Zwoa Jahre is guatganga, jetza hod er den Dreg im Schachterl!
Rudi:	*Grinsend:* Was lange währt, wird endlich gut!
Pfarrer:	Also Rudi, ich darf doch sehr bitten! Man macht keine Scherze über das Unglück anderer!
Rudi:	Naja, a Unglück is etza des ned direkt. Mitm Radl hods scho mehra gworfa! Und schlimmer als den Wumper Fred! Im Prinzip könntma sagen: Der Krug geht solange zum Brunnen, bis das Handgelenk bricht!
Pfarrer:	Also gerade feinfühlig seid ihr nicht! Und dann auch noch Sprichwörter verhunzen! Es heißt: Der Krug geht solange zum Brunnen, bis er bricht!
Kare:	Des woaß i scho, Herr Pfarrer. Owa es is doch lustig, wennma a wengerl a Wortspiel macht, oder? Des muass doch amal erlaubt sei! I wünsch dem Wumper Fred natürlich guade Besserung und des wird aa wieder mit dem Handgelenk! Aber Spaß muss sein, sprach Wallenstein!
Erwin:	Genau! Und des Sprichwörter verdrahn, des hamma mir scho oft gmacht, war allaweil a mords a Gaudi! Zum Beispiel hamma gsagt: Jung gfreit ist aller Laster Anfang! Hahaha! *Allgemeines Gelächter über diesen feinfühligen Gag, nur der Pfarrer ist nicht begeistert.*
Rudi:	I woaß aa no oan: Wie du mir, noch ein Bier! *Abermals Gelächter.*
Mane:	Oder: Buchen sollst du suchen, Eiben sollst du reiben, Weizen sollst du trinken! *Das Gelächter nimmt zu, die Kreativität ebenfalls.*
Bertl:	Wie sagt der Schafkopfspieler: Geben ist seliger denn abheben! Hahaha! Verstehts? Geben – abheben! Beim Schafkopf!
Kare:	*Lachend:* Ja freilich versteh i des, i bin doch ned bläd! I hätt aa no wos: Wer anderen eine Grube gräbt, arbeitet auf dem Friedhof! Hahaha!
Erwin:	Geh zua, der is doch scho uralt! I woaß an neueren: Was der Bauer nicht kennt, das frisst die Bäuerin!

Mane:	Nicht schlecht, Herr Specht! Oder wia i allaweil sag: Erst die Arbeit, dann die Brotzeit! Und weilma grad bei da Arbeit san: Sich regen bringt Muskelkater!
Rudi:	Genau! Dienst ist Dienst und Straps ist Straps!
Max:	Eam schau o! Da junge Dudderer kaam mitm Straps daher! I sog allaweil: Sage mir deinen Namen und ich sage dir, wie du heißt!
Kare:	Naja Max, des hob i aa scho öfter ghört, des is nix Neis! „In der Not frisst der Teufel Tofu", des is zum Beispiel nei!
Max:	*Eingeschnappt:* Pffff, aso a Schmarrn!
Erwin:	Etza daads ned streiten, denn wia sagt a uraltes Sprichwort: Wenn zwei sich streiten, freut sich der Rechtsanwalt!
Pfarrer:	*Möchte auch einen Beitrag zum Stumpfsinn leisten:* Der Apfel fällt nicht weit vom Pferd!
Kare:	Jawoll, Herr Pfarrer, super! I sog allaweil: Wer zuletzt lacht, hats nicht kapiert!
Kathi:	Etza derfts fei langsam aufhörn mit eierm Blädsinn! Wos habts denn ihr heit graucht? Wollts no a Bier, bevor dass ihr komplett durchdrahts?
Erwin:	No freilich Kathi, her damit! Und du als Frau verstehst des ned, weil a Frau an sich allaweil ernsthaft is und vernünftig. Owa mir Männer miassma ab und zu an Blädsinn reden, weil des reinigt die Psyche!
Kathi:	Eam schau o, der Herr Psychiater! A Blädsinn reinigt die Psyche – des hob i ja no nie ghört! Und glaub bloß ned, dassma mir Frauen ned ab und zu aa an Blädsinn reden, owa unser Blädsinn hod mehr Niveau!
Kare:	Mehr Niveau? Wos reds ihr dann zum Beispiel für an Blädsinn?
Kathi:	Zum Beispiel wia da Johnny Depp als Liebhaber waar?
Max:	Wer?
Kathi:	Da Johnny Depp!
Max:	Den Deppen kenn i ned, wer is nacha des?
Kare:	No geh, Max, den kennst doch! Der Fluch der Grammatik!
Kathi:	Karibik, du Aff!
Kare:	I woaß scho, des war doch a Witz!
Kathi:	Toller Witz! Ha ha ha!
Max:	I woaß trotzdem ned, wer der Depp is.

Kare:	Ned so wichtig; Max! Des is aso a Art Märchen mit Piraten und so.
Max:	Aha! Apropos Märchen: Mir hamma als Kinder allaweil Märchentitel verdraht, des war aa mords a Gaudi!
Mane:	Märchentitel verdraht? Wia geht des?
Max:	Zum Bespiel „Ali Baba und die sieben Geißlein".
Mane:	*Unter dem Gelächter der anderen:* Ey, des is stark! Ali Baba und die sieben Geißlein, Wahnsinn! Geh leck mich fett, is des stark! *Schüttelt begeistert den Kopf.* Ali Baba und die sieben Geißlein!
Pfarrer:	Das ist in der Tat lustig. Man könnte zum Beispiel auch sagen „Rapunzel und die 40 Räuber"!
Kare:	Genau! Super, Herr Pfarrer! Do hätts gschaut, des Rapunzel! Wenn sie ihre blonden Hoor vom Turm owewirft und dann kraxln 40 Räuber auffe, scharf wie Nachbars Lumpi, do hätts gschaut! Do waars aufganga beim Schichtl!
Pfarrer:	*Errötend:* Also so hab ich das nicht gemeint, dass da 40 Räuber über Rapunzel herfallen!
Kare:	Scho klar, Herr Pfarrer, scho klar. Owa trotzdem: Hut ab, war a guada Gag!
Erwin:	*Grinsend:* „Dornröschen und Gretel" waar aa ned schlecht, oder? *Allgemeines Gelächter und amüsiertes Kopfschütteln über diesen Beitrag.*
Rudi:	*Überschwänglich:* Oder „Hänsel und die sieben Zwerge"! *Eher müdes Grinsen der anderen.* I moan bloß.
Rudi:	Das tapfere Rumpelstilzchen!
Max:	*Begeistert:* Genau! Man könnte aa Filmtitel verdrahn. Des waar der Hammer! Do gäbs hunderte Beispiele, oans lustiger wia's andere! Do könntma den ganzen Abend lang a Gaudi macha, so viel Auswahl gibts do!
Kare:	*Skeptisch:* Filmtitel? Wos zum Beispiel?
Max:	Mir fallt etza grad koana ei.
Bertl:	Kathi, zahln! Etza glangts!

Der 30. Hochzeitstag

Für den Durchschnittsmann ist es alljährlich eine nahezu übermenschliche geistige Anstrengung, ein passendes Geburtstagsgeschenk für die Gattin zu finden bzw. zu erraten. Erraten deshalb, weil sich die Erwartungen der zu Beschenkenden jedes Jahr ändern, bei manchen stündlich. Und bei runden Geburtstagen oder sonstigen Jubiläen ändern sich die Erwartungen nicht nur, sie steigen!

Freilich, es gibt kreative Männer, die haben die angeborene Begabung, ihrer Herzensdame immer das Richtige zu schenken und damit voll ins Schwarze zu treffen und gut dazustehen. Aber diese Männer sind dünn gesät und ich bin ihnen neidisch. Manchmal hasse ich sie sogar, insbesondere dann, wenn ich folgenden Satz höre: „Scho wieder a Gutschein vom Akropolis! Jeds Johr griechisch essen! Fallt dir nix anders ei als Gyros und Calamari fritti? Schau dir den Rüdiger o, dem fallt jedes Jahr wos Originelles ei, dem sei Frau hods schee! So schee möchts i aa amal haben!" „Dann hättst halt den Rüdiger geheiratet!", habe ich schon einmal unbedacht in einer Defensivreaktion gesagt. Das sage ich nicht mehr, denn derartige Aussagen führen zu schlechter Stimmung im Hause, zu sehr schlechter!

Noch schlimmer als Geburtstage sind Hochzeitstage, noch schlimmer als Hochzeitstage sind runde Hochzeitstage! Kare war in dieser verzwickten Situation, doch wozu hat man Stammtischfreunde!

Erwin:	Ja Kare, warum schaust denn gar so zwider?
Pfarrer:	Bedrückt dich etwas?
Kare:	Ja, mi bedrückt etwas, Herr Pfarrer! Und zwar etwas, was Eahna nie bedrücken wird, do hamms echt a Glück!
Pfarrer:	Mich wird es nie bedrücken? Ja um Gottes Willen, was denn?
Kare:	In vier Wochen hob i mein 30. Hochzeitstag!
Pfarrer:	Das ist doch ein Grund zur Freude! 30 Jahre in Freud und Leid vereint! Das schaffen nicht viele!
Erwin:	Kare, do hod da Herr Pfarrer vollkommen recht! Und direkt zwider is fei dei Hildegard ned! Sei froh, dassdas host, es könnt schlimmer kema, schau dir den Rudi o als mahnendes Beispiel!
Rudi:	Genau, schau mi o! I hobs ned leicht mit mein Feldwebel!

Kare:	Des woaß i scho, owa um des gehts doch in dem Fall gar ned!
Mane:	I wollt, i hätt a Frau! I suach scho fast 30 Johr, und du, du host de dei scho 30 Johr!
Bertl:	Genau! Mensch Kare, sei halt ned so undankbar!
Kare:	I bin doch ned undankbar! I bin bloß am Verzweifeln, weil mir koa gscheits Gschenk eifallt! Bei an normalen Hochzeitstag, do kriagts an Blumenstrauß und mir gemma schee zum Essen, und do is sie aa zufrieden damit. Owa zum 30., do erwartet sie natürlich scho wos Bsonders!
Max:	Zurecht! Du, mach halt a Kreuzfahrt mit ihr, des kimmt allaweil guad o! A Kreuzfahrt is a Kreuzfahrt! I hob der meinigen zum 40. Hochzeitstag a Mittelmeerkreuzfahrt gschenkt, de war hellauf begeistert! Mir warn in Malta, in Griechenland, in Italien, an Krk samma vorbei, sogar Ägypten hamma gstreift! Außenkabine Vollpension, sie hod gsagt zu mir: „Max, dass i des no erleben derf mit dir! Du und i in Kreta, des hätt i mir ned draama lassen! Ich danke dir!" Des sagts ned oft! Und's Weda hod aa passt! Im Gegenteil, in Ägypten wars so bluadig hoaß, dassma froh warn, wiama weida san Richtung Marokko. Do wars dann erträglich, so umara 27 Grad. I hob mir aus Jux an Kaftan kafft, den hob i heit no!
Rudi:	Wos host dir kafft?
Max:	An Kaftan – des is a Art Nachthemad für Männer, konnst owa aa tagsüber tragen. Natürlich bloß in Marokko, bei uns ned, weil dann hoaßts glei, du host nimmer alle Latten am Zaun! Also a Kreuzfahrt is nie verkehrt! Und du konnst wos trinka, weil du koa Auto dabei host! Und wennst amal an Bloody Mary zu viel dawischst, dann holst dir in da Bordapotheke a Aspirin, flaggst di in deiner Kabine aufs Bett und lasst di am Arsch lecka!
Kare:	Des is klar, owa a Kreuzfahrt hob ihr scho zur silbernen Hochzeit gschenkt, des konn i fünf Jahr später ned scho wieder bringa!
Max:	Wo warts denn?
Kare:	Karibik!
Max:	Oläck! Und? Wars schee?

Kare:	Grundsätzlich scho, owa i war drei Dog gscheit seekrank und hob nix essen kinna, im Gegenteil, wenn ihr wisst, wos i moan!
Max:	Äh, naa, woaß i ned. Wos moanst denn?
Kare:	Gspiem hob i wia a Reiher!
Max:	Ach du Sch …!
Kare:	Des aa! Des hod mir gewaltig gstunka, dass i nix essen hob kinna, weil es war all inklusive! Drei Tage für nix und wieder nix! Und dann hod mi mei Frau no gnervt: I lieg klinisch tot in da Kabine, grünlich-gelb im Gsicht und möcht in Ruhe sterm, dann kimmt sie einegrauscht und sagt: „Karlheinz, du MUSST dir den herrlichen Sonnenuntergang anschaun, sowas gibts nur in den Tropen! Steh auf und kimm mit an Deck!" I hob gsagt: „Geh wieder aufe und sag dem Sonnenuntergang, er konn mi kreizweis!" Dann is wieder furt, mit Caipirinha und Strohhuat!
Rudi:	Des is tragisch! Owa Karibik, des konnst nimmer steigern, do muasst dir wos anders eifalln lassen!
Kare:	Ja eben! Owa mir fallt nix ei, und es san bloß no vier Wochen bis zum Hochzeitstag!
Bertl:	Schenk ihr halt wos Außergewöhnliches! An Fallschirmsprung, des hörtma fei in letzter Zeit oft!
Kare:	I glaub, du spinnst! De traut sich ned amal aufs Garagendach aufe, weils Höhenangst hod! Und außerdem miassert i dann mithupfa, und i hob Flugangst UND Höhenangst! Fallschirm konnst vergessen!
Mane:	Dann is a Ballonflug aa nix.
Kare:	Keinesfalls! Wissts nix anders? Irgendwos – wo a Frau sagt: „Jawoll, des is wos!"

Alle Stammtischmitglieder überlegen krampfhaft, da sie ihren Kameraden nicht im Stich lassen möchten. Man spürt förmlich, wie die Gehirne arbeiten, plötzlich hat Hochwürden eine Erleuchtung – zumindest meint er, eine zu haben.

Pfarrer:	Ich bin zwar nicht verheiratet, aber man weiß doch, dass sich Frauen unheimlich gerne neu einrichten! Du könntest ihr anbieten, das Wohnzimmer neu zu gestalten! Oder das

	Schlafzimmer! Neue Möbel bringen oft ganz neuen Schwung in eine Beziehung!
Kare:	Naja, rein schlafzimmermäßig hob i do meine Bedenken! Do schwingt nix mehr.
Pfarrer:	*Erschrocken:* Also Karl! So war das natürlich nicht gemeint! Ich meinte, man fühlt sich einfach wohler mit neuen Möbeln, und jünger! Weg vom alten Trott, verstehst du?
Kare:	Ja, i versteh Sie scho. Owa neie Möbel, hm, i woaß aa ned, so direkt romantisch is des ned. Des is wia wennma ihr zu Weihnachten an Thermo-Mix kafft, do fehlt einfach des Gefühlsmassige. Wissens scho, wo a Frau feichte Augen kriagt vor Freid.
Bertl:	Nix für unguat, Herr Pfarrer, owa do hod da Kare scho recht! Stellns Eahna vor, d'Hildegard fragt den Kare: „Und Schatz? Wos schenkst du mir zum 30. Hochzeitstag?" Und dann sagt da Kare: „A neis Kanapee!" Des is einfach nix, do knisterts ned, do waars ned begeistert!
Pfarrer:	So gesehen hast du wahrscheinlich recht. Ich meinte ja nur.
Kare:	Ja, danke, Herr Pfarrer, owa i muass mir do scho wos anders überlegen, des soll scho a Hammer sein, wissens!
Mane:	Und wenn du ihr an Gutschein schenkst, dass du zum Beispiel a ganz Johr lang abspülst?
Kare:	Mir hamma a Spülmaschine.
Mane:	Stimmt aa wieder! Oder du könntst ja aa a ganz Johr lang ihra Auto waschen!
Kare:	*Schüttelt den Kopf.* Des is aa nix. Und außerdem: A bissl wos möcht i scho aa haben davo, immerhin bin i aa 30 verheiratet, ned bloß sie.
Mane:	Stimmt aa wieder. Hm, des is fei schwierig ...
Kare:	Extrem schwierig!

Erneut denken alle nach.

Erwin:	Kathi, wos moanst du? Du bist doch a Frau, wos daadst du dir zum 30. Hochzeitstag wünschen, wennst du dem Kare sei Frau waarst?
Kathi:	*Grinsend:* An andern Mo!
Kare:	*Empört:* I glaub mei Schwein pfeift! Etza derfst owa aufhörn!

Kathi:	War a Witz, Kare! Du bist scho in Ordnung! Mei, wos daad i mir wünschen? Vielleicht a Woche in an gemütlichen Hotel in Südtirol oder am Gardasee und einfach mit meinem Gatten die Natur genießen, spazierngeh, wandern, guat essen, a Glaserl Wein trinka!
Erwin:	Kare, wos moanst? Des hört sich doch guat o! D'Kathi kenntse aus, weil de is a Frau!
Kare:	Hm, waar ned schlecht – und i hätt aa wos davo!
Erwin:	Du, etza muass i amal dumm fragen, Kare: Du hast doch genau drei Johr nach mir gheirat.
Kare:	Genau! Weil wia du Silberhochzeit ghabt host, hob i gsagt, dass bei mir in drei Jahrn aa so weit is!
Erwin:	Ja eben! Und i hob heuer mein 32. Hochzeitstag, dann host du doch heuer erst den 29. und ned den 30.!
Kare:	Erleichtert: Oläck, dann hob i mi total verrechnet, dann duats a Blumenstrauß und a Abendessen! Mir fallt a Stoa vom Herzen, mersse Erwin! Da fahri heit glei no im „Bella Napoli" vorbei und besorg an Gutschein!
Bertl:	Kathi, zahln! Etza glangts!

Der Check

Über kleine Wehwechen reden Männer gern, aber sie neigen dazu, echte gesundheitliche Probleme eher zu verdrängen. Dies äußerst sich unter anderem auch dadurch, dass Termine beim Arzt erst dann vereinbart werden, wenn es sich gar nicht mehr vermeiden lässt – sei es, dass die Schmerzen unerträglich oder die roten Flecken immer mehr werden und darüberhinaus jucken. Oder sei es, dass die Gattin das getan hat, was sie gerne tut: Einen Termin zum „Durchchecken" ausmachen! Reine Kontrolltermine, ihrer Meinung nach sinnlos wie ein Kropf, machen Männer nie aus! Was soll man beim Arzt, wenn einem nichts weh tut? Was soll man denn sagen, wenn er fragt, wo es fehlt? Check? So ein Schwachsinn! Um derlei schwachsinnige Dinge kümmert sich die Ehefrau, wohlgemerkt gegen den ausdrücklichen Willen des zu checkenden! Wer kennt ihn nicht, den wohl sehr oft ausgesprochenen Satz: „Spinnst du? Warum soll i zum Doktor geh? Mir fehlt doch nix! Außerdem war i vor 10 Jahrn erst! Koa Wunder, wenn des Krankenversicherungssystem zammbricht! Des san de sinnlosen Termine, de von den Ehefrauen ausgmacht wern, de ruinieren des System, de Ehefrauen!"
Aber es hilft nichts – der Check findet statt, denn die Terminvereinbarung ist nichts anderes als ein versteckter Befehl! Das Ergebnis des Checks wird natürlich auch am Stammtisch besprochen, denn da sind Fachleute bzw. Leidensgenossen, denen im Prinzip nichts fehlt, unter sich!

Kare: So, heit hobes kriagt!
Bertl: Wos denn?
Kare: Das Ergebnis!
Erwin: Ergebnis? Host a Prüfung ghabt oder wos?
Kare: Naa, i war beim Check!
Erwin: Check? Beim Doktor?
Kare: Genau!
Erwin: Warum?
Kare: *Gereizt:* Warum? Aso a bläde Frage! Weil mei Gattin den ganzen Dog Arztserien am Fernseh oschaut, darum! Ununterbrochen bloß Infusionen, Amputationen und Diagnosen! Nacha verliebt sich no de Krankenschwester in den Assistenzarzt, owa der hod mit da Oberärztin a Verhältnis und de vergöttert den Chefarzt, owa der is latent schwul. Sowos schaut mei Frau den ganzen Dog und dann kimmts aaf so

	hirnrissige Ideen – zum Beispiel, dass sie für mi an Termin beim Doktor ausmacht für an Check!
Erwin:	Weiber! Ich sage nur: Weiber!!!
Kare:	Du sagst es! Und wia peinlich dass des is! Du kimmst in d'Praxis eine, pumperlgsund natürlich, der Wartebereich voll, alle schaun zu dir hi. So, und dann fragt die Sprechstundenhilfe ganz laut: „Grüß Gott, Herr Blechinger! Was hamm Sie für Beschwerden?" Und de ganzen Gestalten im Wartebereich spitzen d'Ohren, weils wissen wolln, wos i für Beschwerden hob! Und dann sog i: „Keinerlei! Mi hod bloß mei Frau hergschickt!" I sogs eich: Do stehst du do wie ein Vollidiot! Alle hamm mi ogschaut. De Männer mitfühlend, de Damen triumphierend! Des is ned angenehm!
Bertl:	I mog des vo Haus aus ned, wenn mi d'Leit so oschaun, als waar i a Sensation wia a Kalb mit zwoa Köpf!
Mane:	Genau! Do legens dann extra de Kaasblattln auf d'Seitn, de wos beim Doktor umananda liegen, „Woche der Frau" oder das „Echo der Schlagerwelt" oder „Stricken leicht gemacht" und wia der ganze Schmarrn hoaßt! Wenn a Neuzugang einekimmt an d'Rezeption, hörens sofort des Lesen auf und schaun, wer do kema is! I hass des wia die Pest, de Gafferei! Es sei denn, i bin selber im Wartebereich, dann schau i aa, wenn wer nei einakimmt!
Kare:	Des is klar, weil des is wos anders! Also, dass i weidaerzähl: I sog wahrheitsgemäß, dass mi mei Frau hergschickt hod. Schon kimmt die nächste Frage: „Nehmen Sie Medikamente?" Dann sog i, erneut wahrheitsgemäß: „Jawoll, gegan Bluatdruck!" Und alle schaun her zu mir und wissen: Da Karl-Heinz Blechinger hod einen zu hohen Bluatdruck! Von wegen Datenschutz! Du bist bei uns ein gläserner Mensch durch und durch! Des fangt beim Bluatdruck o und hört beim Zucker aaf!
Rudi:	Host ebba Zucker aa?
Kare:	Naa, i moan bloß, als Beispiel!
Rudi:	Und tablettenmäßig? Nimmst sunst no wos, außer Bluatdruck?
Kare:	Etza frag ned du aa no! Naa, sunst nimm i nix! Passts auf, dann gehts weida mit dera Fragerei! „Welche Blutdrucksen-

	ker nehmen Sie?" Dann sag i: „Mei, wia de genau hoaßn, des woaß i aa ned, hinten hörns aaf jeden Fall mit ‚tol' auf. Und so leicht rosa sans von da Farbe her." Dann schaut sie in ihren Computer eine und sagt: „Ach, da stehts ja: Cardimistil!" Des miassts eich amal vorstelln! De hod des schwarz auf weiß im Computer drin und fragt mi so saubläd, dass ja jeder Hanswurscht im Wartebereich woaß, dass i an hoher Bluatdruck hob!
Max:	A Sauerei is des! Drum mach i vo Haus aus koan Check ned, weil i nimm alle Dog 7 Tablettn und woaß von koaner, wia de hoaßt, weil de richt mir's Wei her.
Erwin:	*Erstaunt:* 7 Tabletten? Gega wos nacha?
Max:	Mei, Verschiedenes! Gega wos genau, des woaß i aa ned. Da Bluatdruck is aaf jeden Fall dabei. Und i glaub, magenmäßig nimm i aa no wos, weil i hob an Benelux oder wia des hoaßt.
Mane:	Reflux!
Max:	Genau, aso hoaßts! Mei, man hod allerhand in mein Alter. Ab an gewissen Alter is eh interessanter, wosma ned hod, weil des meiste hodma, wos an Krankheiten so allgemein bekannt is! Wenn du genau wissen willst, wos i alles nimm, dann muasst mei Frau fragen, de woaß alles! I nimms halt, dass a Ruah is.
Kare:	Hamm de Nebenwirkungen?
Max:	Des woaß doch i ned!
Kare:	Ja, lest denn du de Beipackzettel ned mit de ganzen Nebenwirkungen?
Max:	I? Niemals! Des is so kloa gschrieben, do verdirb i mir de ganzen Augen! Des waar dann glei de erste Nebenwirkung: Verstärkung der Sehschwäche!
Kare:	Do host aa wieder recht! Etza passts auf: Dann fragt de Sprechstundenhilfe, ob i außerdem no weitere Medikamente nimm, sog i: „Nicht dass ich wüsste!"
Erwin:	*Unterbricht ihn:* Etza stell dir vor, du daadst Viagra nehma, dann daadn des alle wissen!
Kare:	Depp! Des daad i niemals sagen vor de ganzen Leut!
Erwin:	Nimmst oans?
Kare:	Natürlich ned! Und wenn, dann daades eich aa ned sagen, weil des is eine Intimität! Also, dann is weida ganga, dann

	hod da Check praktisch angfangt: Sie hod gsagt, sie braucht an Urin!
Rudi:	Von dir?
Kare:	Ja freilich von mir, von wem denn sunst! Dann hats mi ins Klo einegschickt mit dem blädn Becher, alle hamm hergschaut!
Max:	Host kinnt?
Kare:	Selbstverständlich! I hob extra dahoam ned bieselt, weil do geh i liaber aaf Nummer sicher.
Max:	Do host du recht! I war amal so in Gedanken, dass i dahoam aus Versehen bieselt hob und dann is beim Doktor nix ganga, null! Do kimmst dann aus dem Klo außa mit dein laarn Becherl wie ein armer Sünder. Des is so peinlich! Weil jeder segt, dass nix drin is.
Bertl:	Und no peinlicher is, wenn d'Sprechstundenhilfe dann sagt: „Oh, is wohl nichts gegangen?" Laut sagts des natürlich, des Horn. Und alle schaun auf di und dei laars Becherl. Do möchtest im Boden versinka, aaf da Stell, inklusive Becherl!
Kare:	*Kopfschüttelnd:* Des derf i mir gar ned vorstelln! Owa des is mir gottseidank ned passiert. Anschließend hamms mir dann glei a Bluat abzapft, glei vier so Röhrl voll!
Max:	Is bluatmäßig wos ganga? Bei mir wars amal mords a Problem, bis da erste Tropfa kema is.
Kare:	I hob gsprudelt wia a Springbrunnen!
Erwin:	Ja sag amal, Max! Bei dir kimmt ja gar nix mehr – koa Bluat, koa Urin, nix! Lebst du überhaupt no?
Max:	Depp! Natürlich leb i no! Wart no, bis du amal in mei Alter kimmst, dann bist aa nimmer so flüssig!
Kare:	Erwin, do hod er recht, da Max! Etz passts auf, wos dann passiert is: Kimmt oane daher, aso a blonde, a Wahnsinn eigentlich – de hod fast a weng aso ausgschaut wia de Marilyn Monroe.
Max:	De is doch gstorben!
Kare:	I moan ja, wias no glebt hod! Sagt de zu mir, dass sie mir vor dem Belastungs-EKG den Bluatdruck messen muass. Mei Bluatdruck is normal 120:80, weil i nimm ja Tablettn, weil sicher is sicher. Duat mir de die Manschettn ume, dann buckt sie sich, weil ihr da Kugelschreiber owegfalln is. Hod

	de ein Wahnsinnsdekolleté und i seg des, und da Bluatdruck: 170 zu 100! Der is aufegschossn wia a Fieberthermometer im hoaßn Tee!
Erwin:	Oläck! Hods dir den Druck aufeghaut, ha! A Wunder waars ned! Weil wia hoaßt a altes Sprichwort: „Schaust du in das Dekolltö, hauts den Blutdruck in die Höh!" *Allgemeines anerkennendes Gelächter für diesen unerwarteten lyrischen Leckerbissen.*
Kare:	Ja eben, man is ja aa bloß a männlicher Mensch! Dann sagts: „Das ist nicht gut, das ist gar nicht gut! Das muss ich dem Herrn Doktor berichten!" Sog i: „Des brauchts ned, des berichte eam i! Des is bloß vorübergehend, weil Sie aso a saubers Deandl san!"
Erwin:	Host du des dera eiskalt ins Gsicht gsagt?
Kare:	Natürlich! Do bin i radikal, des hau i einfach auße! I sog allaweil: Liawa a Kompliment zu viel als zu wenig! Des ming doch de Weiber, dassma eahna a wenig schee duat! Sie is aa a wengerl rot worden und hod „danke" gsagt.
Bertl:	Bist a schlauer Kopf! A Frauenversteher direkt!
Kare:	Gell! So, nacha hod sie mir die Elektroden oder wia de hoaßn an mei Brust drogmacht für des Belastungs-EKG.
Mane:	De saugen sich fest, gell?
Kare:	Genau! Owa de hamm bei mir ned ghaltn wega de Hoor auf da Brust!
Max:	Weilst an Pelz host wia a Bär!
Kare:	Jamei, des san de männlichen Hormone, do konnma nix macha, de hob i im Überfluss! Leider aa in da Nasn und in de Ohrn! Am Kopf oben, do wo eigentlich die Hoor highörn, do sans bloß sporadisch. Owa es gibt Schlimmeres, oder?
Erwin:	Auf jeden Fall! Und a Plattn is heitzudogs koa Behinderung mehr, sondern a Markenzeichen!
Kare:	Eben! Dankschön, Erwin, für den seelischen Beistand! Dann hod mir des scheene Deandl meine Hoor aaf da Brust wegrasiert, des war direkt a weng a intimer Moment!
Mane:	Saubär!
Pfarrer:	Also Manfred! Mäßige dich!

Mane:	I kenn doch den Kare, den alten Lüstling, dem hod doch des gfalln! I kenn eam doch, Herr Pfarrer! Ha Kare, do wirds dir den Bluatdruck glei no mehra aufeghaut hom?
Kare:	*Grinsend:* Worauf du einen lassen kannst! So, dann is furt, de scheene Blonde, dann is da Doktor med. daherkema.
Max:	Wia hoaßt der? Met?
Kare:	Naa, Obermeier hoaßt der, er is Dr. med., verstehst? Vom Studiern her.
Max:	Achso!
Kare:	Dann sagt er, i soll mi aaf des medizinische Radl aufesitzn und dann steigert er die Wattzahl und dann schaut er, wia mei Puls und mei Bluatdruck reagiern. Des mit dera Sprechstundenhilfe hob i eam gar ned gsagt, weil rein gfühlsmassig war da Bluatdruck wieder normal, wia i den Doktor gseng hob.
Mane:	Ja hoffentlich! Alles andere waar seltsam gwen!
Pfarrer:	*Mahnend:* Manfred!
Mane:	*Grinsend:* Weils wahr is! Und Kare, erzähl weida, wia is dir ganga beim Radlfahrn?
Kare:	I tritt aso dahi und denk mir: „Ja, wenns ned mehr is, dann is de Belastung erträglich!" Des hob i aa dem Doktor gsagt. „Herr Doktor", hob i gsagt, „scheinbar bin i doch recht fit, i gspür kaam, dass i mi plag!" Dann sagt er: „Das glaube ich gerne, Herr Blechinger! Ich hab mir nur vorab ein paar Notizen gemacht, ich schalte das Ergometer jetzt ein!"
Bertl:	Dann war des da Leerlauf?
Kare:	Genau! Drum is des nämlich so leicht ganga!
Bertl:	Bist du ein Hanswurscht! *Schüttelt den Kopf.*
Kare:	Jamei, woher soll denn i des wissen! Des war mei erster Check! Und dann is losganga, zerst mit 75 Watt, des war no human, zwoa Minuten hod des dauert. Dann, bei 100 Watt, hob i scho gspannt, dass i schwitz, owa ansonsten war mir no guat. Owa bei 125 Watt is mir scho leicht damisch worden und wia er dann auf 150 schalten wollt, hob i gsagt: „Herr Doktor, lassens es guat sei, für heit glangts!"
Max:	Wars so schlimm?
Kare:	Du, i hob glaubt, mir hauts alle Ventile außa! Und gschwitzt hob i wie ein Ochs! I hob mir scho denkt: „Hoffentlich

	kimmt de scheene Blonde ned daher etza, de Blamage! I hob an bluatroten Schädl und schwitz, dass mir da Dreg hint und vorn owerinnt!"
Max:	Und? Wos hod er gsagt, da Doktor?
Kare:	Mei, er hod gsagt, dass i schnell an mei Belastungsgrenze kimm und dass a weng a sportliche Aktivität ned schaden daad. Schwimmen waar ideal oder Radlfahrn, hod er gsagt. Owa i hob eam glei reinen Wein eigschenkt und hob gsagt, dass i ned schwimma konn und dass i koa Radl ned hob und dass de zwoa Sportarten für mi hinfällig san. Dann hod er gsagt, dass Wandern aa ned schlecht waar. Und dass a Ruah is, hob i eam versprocha, dass i amal wandere, wenns passt!
Mane:	Und? Bist scho gwandert?
Kare:	Hod no ned passt!
Mane:	*Grinsend:* Des hob i mir glei denkt! War er dann ume, dei Check?
Kare:	Naa, an Ultraschall hod er no gmacht vo mein Bauch.
Mane:	Und? Wos is los in deiner Wampn?
Kare:	Unauffällig, hod er gsagt. Außer der Leber, weil i hob a leichte Fettleber! Des kimmt vom guadn Essen, hod er gsagt.
Hein:	Ned vom Saufa?
Kare:	Scheinbar ned, gottseidank!
Erwin:	Noja nacha, dann war er ja ned so schlimm, der Check!
Kare:	Eigentlich ned! Und wia gsagt, heit san de ganzen Ergebnisse kema von da Bluatuntersuchung und vom Urin, des is ja eigentlich des Wichtigste, dass urinhalber und bluatmäßig alles passt!
Erwin:	Und? Wia schauts aus?
Kare:	Also ehrlich gsagt, i hob mir den Zettel ogschaut mit de ganzen Werte und Obergrenzen und Untergrenzen und Normwerte, i kenn mi do ned aus! Des Oanzige, wos i hundertprozentig sagen konn: Schwanger bin i ned!
Bertl:	Kathi, zahln! Etza glangts!

Dreckig und glücklich

Der sogenannten „guten alten Zeit" wird auch heute noch oftmals nachgetrauert, meist zu Unrecht. Auch am Stammtisch beim Unterwirt gedenkt man wehmütig der Zeiten, in denen man selber noch jung, die Burschen noch fesch, die Madel noch sittsam usw. waren, man kennt diese bajuwarischen Klischees aus der Fernsehserie „Königlich Bayerisches Amtsgericht".

So alt, dass sie noch Untertanen des bayerischen Königs waren, sind unsere Stammtischkameraden natürlich noch nicht, aber auch in ihrer Kindheit und Jugend war ihrer Meinung nach noch alles besser, moralischer und übersichtlicher, billiger sowieso. Und mit jeder Halbe, die sie zu sich nehmen, werden die heutigen Verhältnisse schlimmer und die damaligen wunderbarer. Heute ist wieder einmal so ein Abend, wo man nach der dritten Halbe in seligen Erinnerungen schwelgt und die Abgründe der modernen Zeit zutiefst verabscheut und verurteilt.

Erwin: Kathi, bringma no Halbe, etza is scho wurscht! Nacha lassi halt mei Auto steh, weil ohne Führerschein bist du heitzudogs a arme Sau!

Kare: Trauen derfst eahna ned! Grad wenn du nicht damit rechnest, is a Kontrolle! Wennst nüchtern bist, kontrolliert dich kein Schwein! Kathi, mir bringst aa no a Halbe! *Überlegt kurz.* Ah geh, bring glei a ganze Runde, de zahl i, weils grad schee is heit bei uns! Hicks. Hoppala, a Koppala!

Kathi: Alles klar! Kinnts ja z'Fuaß hoamgeh, so richtig weit hod ja koaner, und's Weda is aa ok.

Max: Owa des sog i eich scho: Des hätts früher ned geben, dassma mit vier Halbe scho Angst haben hod miassn wega dem Führerschein! Des hätts nicht gem! Drum hamm ja so viel Leut Angststörungen!

Bertl: Do host du recht, do war alles no humaner! Vier Halbe, des war a ganz a normales Pensum, eher unterdurchschnittlich!

Max: I war vielleicht 22 Jahr alt, do hod da Frimper Fred, er is scho gstorm, Leberdings hoda ghabt im Endeffekt, von da Sauferei, der hod Geburtstag ghabt. Warma alle miteinander beim Stadelwirt in Frinzing ...

Kare: *Unterbricht ihn und bekommt vor Rührung glänzende Augen.* Meiii, da Stadelwirt in Frinzing! Mei, wars do allaweil schee!

	Do war jeden Samstag Tanz und jeden Mittwoch Kesselfleischessen, all you can eat 12 Mark! Damals hodma owa ned gsagt all you can eat, sondern „Fleisch und Wurscht und Kraut, bis es dir's Ventil raushaut"! Des war direkt a Poesie, von der Formulierung her! Schee wars, i hob oft am Donnerstag no Bauchweh ghabt, owa eher wega dem Sauerkraut, des Fleisch und de Würscht waarns ned gwesn, de warn bekömmlich, mit Obstler sowieso.
Max:	Genau! Und am Samstag beim Tanz: SUPERWEIBER!!! Owa ganga is nix! Schee wars!
Rudi:	I konn do ned mitreden, weil i bin no zu jung! I konn bloß oans sagen: Geh duat immer no nix beim Stadelwirt! Insofern hod sich nix geändert.
Mane:	*Zerknirscht:* Wem sagst du das! Tote Hose! Also zumindest bei mir!
Pfarrer:	*Mit erhobenem Zeigefinger:* Es sind nicht nur die leiblichen Gelüste, die das Leben schön machen, auch die seelischen!
Max:	Des stimmt, Hochwürden, des stimmt! Und für die Seele hamma ja des Kesselfleisch ghabt! Also, dass i weidaerzähl: Warma damals am Samstag beim Stadelwirt am Tanz. Wie schon erwähnt, ganga is nix, wie immer! Wos duatma als junger Bursch, wenn nix geht? Man trinkt a Weißbier, so umara sechse, manchmal aa zweistellig. Dann wars halbe oans, die Kapelle – damals hodma no Kapelle gsagt, ned Band –, spuit als Rausschmeißer „Mussi denn zum Städtele hinaus", des war da Standardrausschmeißer, owa des hamms rockig gspuit, ned normal. Ja, und dann gehts ans Hoamfahrn.
Kare:	Genau, des war allaweil da Rausschmeißer! Zerst „Satisfaction", dann „Smoke on the water" und dann „Mussi denn ..."! Bei „Smoke on the water" hodma sich no schnell a Weizen bstellt, als Absacker für alle Fälle. Schee wars!
Max:	So schee is scho lang nimmer! Dann hamma aaf unsere Bierfilzl recherchiert und festgestellt, dass i mit 6 Weizen am wenigsten trunka hob, de andern hamm 8 ghabt, da Frimper Fred 11. Dann war klar: I fahrs hoam, weil mit 8 Weizen hoamfahrn oder gar mit 11, des waar ja unverantwortlich gwesn!

Erwin:	Logisch! Du muassma scho vernünftig sei!
Pfarrer:	Also ich weiß ja nicht! Man hätte auch ein Taxi nehmen können, denn mit 6 Weizenbier ist man eigentlich nicht mehr fahrtüchtig!
Max:	Heit nimmer, damals scho! Und des Geld für a Taxi hodma als junger Bursch ned ghabt, des war kurz nach dem Kriag, umara 1971!
Kare:	Etza derfst owa aufhörn, Max! Kurz nach dem Kriag! Owa trotzdem: Taxi isma damals ned gfahrn, des war wos für de Bessern! De high society, de is natürlich seinerzeit scho mit'm Taxi gfahrn, de Metzgersöhne und de Tochter vom Viehhandler, weil bei denen hod Geld keine Rolle gspielt.
Max:	Genau, und drum hob i de ganzen Suffköpf hoamgfahrn! Und wias da Deifl haben will …
Pfarrer:	Max! Nicht immer gleich mit dem Teufel argumentieren!
Max:	Weils wahr is! Wias da Deifl haben will, halt uns glei nach Frinzing d'Polizei auf, a so a Wamperter und no oaner. Sagt der Wamperte: „Na, die Herren, wo kommen wir denn her?" Sog i: „Wo ihr zwoa herkommts, des woaß i ned. Mir kema vom Stadelwirt, weil do war heit Tanz! De „Los Bavarians" hamm gspuit! Dann sagt da Polizist, da andere, ned da Wamperte: „Hamma was getrunken?"
Kare:	A so a bläde Frage, des is doch klar!
Max:	Ja eben. Sog i: „Wos ihr zwoa trunka habts, des woaß i ned, i persönlich hob kaum wos trunka, drum fohr i de Burschen hoam, weil de hamm drümmer Reisch! De hamm sage und schreibe 8 Weizen im Geweih, pro Mann! Der wo hinten so kaasig sitzt, des is da Frimper Fred, der hod 11 Weizen und Geburtstag!" Dann sagt der Polizist: „Das ist löblich, wenn der Fahrer nüchtern bleibt! Alles Gute zum Geburtstag, Sie da hinten! Kommens gut heim und noch eine Bitte: Schalten Sie das Licht ein, weil es ist schon finster!"
Erwin:	Host vergessen, dass du des Liacht eischaltst?"
Max:	Komplett vergessen! Heitzudogs is des koa Problem, weil heit geht alles automatisch, owa bei mein 1300er Käfer, do host du des Liacht no extra aafdrahn miassn!
Rudi:	Ehrlich? Des gibts doch ned!

Kare: Des wissts ihr junga Leit nimmer, owa Autofahrn war seinerzeit no a Kunst! Heitzugdogs konns jeder Depp! Und da Käfer war vo Haus aus berüchtigt, weil im Summer is d'Heizung ganga und im Winter ned! Da Käfer war heizungsmäßig antizyklisch, immer anders, wia er gsollt hätt!

Max: Genau aso wars, Kare! I hob dann mei Liacht eigschalt und bin hoam auf den Schock aufe, mit de andern 3 Knallköpf. Da Kruzeder Klaus war da Oberdoldi, der hod vo hinten no viragschrian: „Den größten Rausch hod da Fahrer! Der MUASS fahrn, weil geh konn der nimmer!" Gottseidank hamm des de Polizisten ned ernst gnumma, weil er war ja bsuffa! Mir hamm uns bei mir dahoam no zwoa, drei Goaßmass genehmigt und a Blunzn Pressack, dann hamms bei mir übernachtet. Es war einfach schee damals! Da Frimper Fred hod gspiem!

Bertl: Des war a andere Zeit! Heit lassens di glei blasen und wennst über 0,5 Promille host, dann bist fett! Und den möcht i sehn, der in da Nacht um holwe oans unter 0,5 Promille hod, des is rein theoretisch möglich, owa in da Praxis kaum.

Kare: Und a Blunzn Pressack essen mitten in der Nacht, des macha de junga Leit aa nimmer! Da oane is vegan, da ander vertragt koa Fett ned und wieder a anderer hod a Unverträglichkeit gega Majoran. Und a Pressack ohne Majoran, des is glei gar nix!

Max: Wia i jung war, hods Allergien no gar ned gem! Mir hamma alls gessn und gschad' hods uns nicht! Da Frimper Fred, der hod amal beim Kesselfleischessen guade zwoa Pfund Kesselfleisch hintereghaut, mit Kraut, dann zwoa Bluatwürscht und als Dessert hod er no à la carte a Currywurscht gessn! Der war weder allergisch noch vegan! Des halt doch heitzudogs a junger Mensch nimmer aus! Der kriagt an Ausschlag oder an Juckreiz.

Erwin: Abgesehen davon, dass a Bluatwurscht nimmer in is bei de junga Leit! Smoothie und aso Glump fressens und a Soja, des war früher a Saufuada! Drum halt da Darm nix mehr aus, weil er ned gefordert wird! A Soja und a Smoothie, des is doch für an Darm koa Herausforderung!

Bertl: Is ja mit da Haut des Gleiche, de halt aa nix mehr aus! De is so empfindlich, dass fast jeder irgend an Furunkel hod oder a Extrem oder wia des hoaßt.

Pfarrer: Ekzem!

Bertl: Ja genau, des aa no! Und warum? Weil de dreimal am Dog duschen, owohls ned schwitzen! De Duscherei, de arbeitet die Haut auf! De aggressive Soafa! Mir hamm a Kernsoafa ghabt und koa Dusche, unser Haut is widerstandsfähig bis dort hinaus!

Kare: Genau! „Dreck macht Speck" hods bei uns ghoaßn! Mir hamma als Kinder einmal pro Woche bad' und des wars! Do is in da Stube a Zinkwanna gstandn und dann is gebadet worden, de ganz Familie!

Rudi: Habts ihr do alle einepasst in de Wanna?

Kare: Natürlich ned, mir warn da Voda und d'Muada und i und meine zwoa Schwestern! Des waar in oana Wanna a Chaos. Naa, zuerst hod da Voda bad', dann d'Muada, dann meine zwoa Schwestern, dann i. Beim Voda war des Badewasser no klar und hod aa guat gschmeckt, owa bei mir hods dann ausgschaut wia a Milchsuppn und da Duft war aa nimmer des Wahre. Owa des war wurscht, man hods ned anderst kennt!

Max: Und, hods dir gschad?

Kare: Überhaupt ned, i hob heit no a Haut wia a Pfirsich!

Max: Eben! Des is des: De ewige Duscherei zerstört den Teint!

Kare: Oläck, woher kennst denn du des Wort Teint?

Max: Des hob i amal glesn, dassma heitzudogs Teint sagt und nimmer Haut.

Bertl: Hut ab, Max, des hätt i dir gar ned zuatraut, dass du aso a Wort kennst!

Kare: Owa schee wars, oder? Des war no a Familienerlebnis am Samstag, de Baderei! Dann warma wieder alle sauber und hamm d'Hitparade ogschaut mit'm Roy Black!

Mane: Mit'm Roy Black? Hod der bei eich dahoam mit eich d'Hitparade ogschaut?

Kare: Depp! Gsunga hoda in da Hitparade, „Das Mädchen Karina" und so Sachen, war ned schlecht, obwohl mir d'Peggy March besser gfalln hod!

Hein:	*Von der Theke aus rufend:* Mei große Liebe war damals d'Mireille Matthieu, de hod mir ganz guat gfalln.
Kare:	Ehrlich? De hod owa a Frisur ghabt wia hibetoniert!
Hein:	Des war mir wurscht, mir hods gfalln!
Max:	Is ned da Roy Black scho gstorm?
Kare:	Scho lang! Mei, oan dawischts eher, oan später! Owa schee wars! Und kein Mensch hod an Computer braucht oder a Handy, kein Mensch!
Rudi:	Gottseidank, weil es hätt ja koan Computer und koa Handy geben.
Max:	Des stimmt! Und trotzdem is uns nie langweilig gwesn! Mir warn den ganzen Dog draußen! Im Frinzinger Bacherl hamma schwarzgfischt, Forelln! Amal hod uns da Bauer dawischt, der des Fischrecht ghabt hod ...
Bertl:	War des ned da Ding damals, da Hunzhauser Xare?
Max:	Genau, da Xare, an Holzfuaß hod er ghabt linkerhand! Der hod mi amal dawischt, wia i grad a drumm Forelln außa hob aus dem Frinzinger Bacherl. Männer, der hod mir oane gschmiert, dass mir d'Augen tropft hamm! *Mit schwärmerischem Blick:* Schee wars! Aso a drumm Schelln! Seitdem pfeift mei rechts Ohr, owa bloß dezent!
Kare:	Gell, do denktma lang zruck an so eine drumm Schelln! Mir hamm allaweil Baumburgen baut im Wald! Mei, war des schee! Mir warma ja bandenmäßig organisiert damals, als Kinder! Oa Bande hod ghoaßn „Mir" und de ander „de Andern"! I war bei „Mir" dabei und mir warn de Prügelhirten!
Max:	Habts Schafe ghabt?
Kare:	Schafe? Warum Schafe? Mir hamm doch koane Schafe ghabt!
Max:	*Grinsend:* Weil ihr de Hirten warts!
Kare:	Depp! Ned Hirten, de Prügelharten warn mir!
Max:	*Immer noch grinsend:* Scho klar, des war a Witz! Und de andern, de „de Andern" ghoaßn hamm, de warn ned so hirt wia ihr?
Kare:	Bei Weitem ned, weil de hamm Weiber dabei ghabt, sogar zwoa: Des Frimper Sofferl und d'Stocker Klara! Des war de Buama natürlich zwider, owa de hamm koa Chance ghabt. Weil des Frimper Sofferl war de Schwester vom Frimper Fred

und d'Stocker Klara war d'Schwester vom Stocker Girgl. Und de Eltern hamm gsagt, de Buama derfan bloß in den Wald auße, wenns de kloa Schwester mitnehmen. Aso war des damals! Des is heitzudogs alles anders! Heit nimmt doch kein Schwein mehr sei Schwester mit auf de Baumburg!

Mane: Scho rein theoretisch ned, weils lauter Einzelkinder san! Wo willst denn als Einzelkind a Schwester hernehma?

Max: Genau! Lauter verzogene Fratzn! Denen wird da Puderzucker in den Arsch eineblasn von de Eltern!

Pfarrer: Also Max! Bitte! Keine solche ordinäre Ausdrucksweise!

Max: Weils wahr is! Mir hamm hinten und vorn nix ghabt und schee wars! Schauns Eahna doch de Kinder o, wia de daherkeman, wenns zum Beispiel in d'Schul genga! Alle Dog a neis Gwand, alle Tage! Ja kruzenalln, brauchts des? Des brauchts doch ned, des is doch koa Modenschau, sondern a Schul! Mir hamm a Summergwand ghabt und a Wintergwand und des wars!

Kare: Und schee wars! Natürlich host du do manchmal a weng streng gschmeckt, owa de andern aa, dann hod sich des ausglicha! A Deo hodma ned kennt, höchstens de Metzgersöhne und de Tochter vom Viehhändler. Schee wars! I daad sagen: Ein Zwischenprost auf unsere wunderbare Kindheit – ohne Stress, ohne Handy und ohne Deo! *Allgemeine Zustimmung, die Gläser klirren, man nimmt einen tiefen Schluck vom Bier und denkt still zurück an die selige und stinkende Kindheit und Jugend.*

Rudi: Also do habts ihr echt no einiges mitgmacht! In meiner Kindheit hodma scho an Gameboy ghabt und an CD-Player!

Max: Omei Rudi, du duast mir direkt leid, weil du kennst des alles ned und woaßt ned, wia schee des war!

Rudi: Noja, sooo schee warn gewisse Sachen aa ned. Also Kare, ganz ehrlich: Des Bad am Samtag, wo zerst da Voda und d'Muada und d'Gschwister in da Wanna drin warn und dann erst du und immer de gleiche Briah – also sei mir ned bös, do is mir mei Dusche scho liaba gwen als Kind, ohne Schmarrn!

Max:	Etza sog i dir wos, du junger Dudderer: Wia i a kloaner Bua war, bei uns dahoam, do wars no schlimmer, de Baderei am Samstag!
Rudi:	No schlimmer? Host du mehra Gschwister ghabt, de vor dir in da Wanna dringhockt san?
Max:	Jawoll – oan ältern Bruada und drei Schwestern!
Rudi:	Ja, mi host ghaut, pfui Deifl!
Max:	Des waar ja no ganga! Owa bei uns hod sich vorm Voda d'Oma gebadet, da Opa ned, der hod a Trauma ghabt vom Kriag, der waar bei da Marine fast dasuffa und hod sich seitdem nimmer in a Badwanna einetraut, und nach da Oma hod da Voda gebadet, dann mei Muada, dann meine ganzen Gschwister und dann hamms den Hund bad' und dann erst mi!
Bertl:	Kathi, zahln! Etza glangts!

John Grundlbauer ist tot

Dass wir längst im digitalen Zeitalter leben, ist bekannt. Wir, damit meine ich meine Generation, haben in unserer hormonell verwirrten Jugend noch Liebesbriefe an die Angebetete geschickt, um sie bei Laune zu halten und um als große Romantiker (was wir nie waren) dazustehen. Manch einer hat sich sogar als Lyriker versucht, stand aber meist als Idiot da mit Reimen wie diesem: „Ich liebe dich so fest wie der Vogel sein Nest. Ich liebe dich so toll wie das Schaf seine Woll. Ich liebe dich so krass wie der Säufer das Fass." Für derlei Gedichte schäme ich mich heute noch zutiefst. In unseren digitalen Zeiten erfolgt der amouröse Schriftwechsel mittels einiger für unsere Generation unverständlicher Wortfetzen bzw. einzelner Buchstaben, deren Sinn sich mir nicht erschließt. Bis ich begriffen hatte, dass hdl „hab dich lieb" heißt und glg „ganz liebe grüße", waren diese Buchstabenkombinationen schon wieder out! Ich nenne mich zwar großspurig Schriftsteller, bin aber von der Ausdrucksweise her für die hippen Youngster eher ein Fossil wie Walther von der Vogelweide oder gar Sokrates.

Egal, mir geht es im Folgenden um Folgendes: Wie bei allem, was neu ist, haben kriminelle Elemente auch die digitale Welt als illegale, aber ergiebige Einnahmequelle entdeckt. Jede/r weiß heutzutage, was eine Phishing-Mail ist und dass man auf diese nicht antworten darf! Jede/r? Nein, nicht jede/r! Max zum Beispiel weiß es nicht. Es war so, dass er nicht als seniler und altbackener Dödel dastehen wollte und sich deshalb einen PC mit Mailaccount zugelegt hat. Aber damit allein ist es natürlich nicht getan, man muss auch die Tricks der bösen Menschen kennen. Doch diese kennt Max (noch) nicht!

Kare: Max, wos gfreit di denn, weil du gar aso grinst?
Max: I gfrei mi, weil i etza an Computer hob, des erste Mal in mein Lem hob i an Computer, PC hoaßt er! Letzte Woch hob i den kriagt, da Schwingschuasta Klaus hodman eigricht, weil der is a weitschichtige Verwandtschaft vo mir.
Erwin: Kennt sich der do aus?
Max: No freilich, der is doch Ei-Dealer!
Erwin: Wos is der? A Ei-Dealer? Wos soll denn des sei?
Max: Aso sagt man doch zu denen, de wo sich mit dem Computerzeig auskennen, oder?

Rudi:	Du moanst an IT-ler! IT-ler hoaßt des, ned Ei-Dealer! *Schüttelt den Kopf und lacht.* Ei-Dealer! Mei liawa Max, du bist fei scho a Unikum! Ei-Dealer, Wahnsinn!
Max:	Ja guat, dann halt IT-ler, is doch wurscht! Auf jeden Fall hod der mir alles eigricht. Etza konn i schreim am Computer und googeln – und Bildl oschaun!
Kare:	Wos für Bildl schaust dir denn o? Ebba Sauereien? In deinem Alter? Dass di fei ned da Schlag trifft! *Grinst.*
Pfarrer:	*Empört:* Also Karl, bitte! Der Max ist ein moralisch einwandfreier Ehemann und Mensch! Dafür würde ich meine Hand ins Feuer legen!
Max:	Owa hundertprozentig! Dankschön, Hochwürden, für des Vertrauen! *Zu Karl:* Niemals daad i mir Sauereien oschaun, dassdas woaßt! I bin koa so a Schweinigl wia du! Und außerdem woaß i ned, wosma do drucka muass am Computer, dass Sauereien keman!
Kare:	I schau mir so an Schmarrn aa ned o! Mir wennst ned gangst! Mane, wia schauts bei dir aus? Du als frauenloser Solist wirst scho ab und zu eineklicka, oder?
Mane:	*Zerknirscht:* Halt dei Bappn!
Pfarrer:	Also das würde ich auch sagen, lassen wir bitte jetzt dieses Thema, meine Herren! Und Max? Hast du eine Freude an deinem neuen PC? Was kannst du schon alles?
Max:	*Stolz:* No freilich hob i a Freid, Herr Pfarrer! Wia gsagt, googeln konn i scho! Gestern aaf d'Nacht hob i mir denkt: Gibst amal „Max" ei, wia viel Max dass gibt weltweit! Männer, i sogs eich: Der totale Wahnsinn! Keman do 4 Milliarden Ergebnisse! 4 Milliarden! Des gibts doch ned, dass aaf da Welt 4 Milliarden „Max" hoaßn, des muass doch a Fehler sei, oder?
Bertl:	Also Max! Des hoaßt doch ned, dass 4 Milliarden Max hoaßn! Schüttelt den Kopf. Des hoaßt, dass im ganzen Internet 4 Milliarden mal de drei Buchstaben „max" vorkema! Des konn bei maximal sei oder bei Maxi oder sunstwos!
Max:	Achso! Des muass oan doch gsagt wern! Mi hods ehrlich gsagt scho gwundert, dass so viel Maxn gibt. Weil de mehrern Leit wohnen ja in China und in Indien und i glaub, dass do die Masse ned unbedingt Max hoaßt, sondern eher

	Singh oder Ping oder Pong. Drum is mir des glei a weng spanisch vorkema!
Kare:	Wos hast denn nacha für a Mailadresse? Weil dann schick i dir glei a Mail, wenn i hoamkimm, dann host du mei Mailadresse aa!
Max:	Ganz einfach: grundlbauer@max.de! Mei Familiennam und mei Vornam, weil des konn i mir mirka.
Mane:	Ned dumm!
Max:	Gell! Mensch, apropos, stellts eich vor: I hob a Mail kriagt am Montag, dass a Verwandtschaft vo mir gstorm is!
Erwin:	A Verwandtschaft? Is do wos in der Zeitung gstandn? Weil glesn hob i fei nix im Frinzinger Anzeiger.
Kare:	I aa ned. *Grübelt.* Des waar mir doch aufgfalln, weil d'Sterbeanzeigen les i immer intensiv, weil ned, dass i gstorm bin und hobs ned mitkriagt!
Pfarrer:	Karl! Versündige dich nicht! Der Tod ist uns zwar allen aufgesetzt, aber man scherzt nicht über ihn!
Kare:	Is scho guat, Herr Pfarrer, war bloß a Gag! Prost, auf ein langes Leben, dass er uns ned so schnell dawischt, der Bruader, der staubige! *Kare und Pfarrer prosten sich zu, der Rest schließt sich an, um nicht zu dehydrieren.*
Max:	Des is bei uns ned in der Zeitung gstanden, weil der Sterbefall, der war ja in London!
Kare:	In London? Host du a Verwandtschaft in London? Mei weiteste Verwandtschaft wohnt in Bad Wörishofen – und etza kimmst du mit London daher!
Max:	Ja, a gewisser John Grundlbauer. Und wos der Hammer is: Der war stinkreich!
Mane:	Ehrlich? Etza brauchst bloß no sagen, dass du ebbs erbst!
Max:	Ebbs? I erb alles! I bin der einzige noch lebende Verwandte!
Pfarrer:	Und um welche Summe handelt es sich?
Max:	2,5 Millionen Pfund!
Pfarrer:	Ja, um Gottes Willen! Dann wirst du ja ein reicher Mann!
Max:	Schaut so aus. Owa koa Angst, Herr Pfarrer: I spend dann scho wos, wenn des Geld da is, versprochen!
Pfarrer:	Du bist halt ein edler Charakter, Max!
Kare:	*Langsam argwöhnisch:* Äh, Max, etza muass i scho dumm fragen: Is des alles in der Mail dringstanden?

Max:	*Stolz:* Jawoll!
Kare:	Und wer hod dir de Mail gschriem?
Max:	A Notar! A Notar vo London, a gwisser Reginald Hisch! SIR Reginald Hisch wohlgemerkt! A Nobelnotar, weil a Sir wird ned jeder! Normal bist in England bloß a Mister.
Kare:	*Immer argwöhnischer:* A Notar? Is sei Adress aa dringstanden in seiner Mail?
Max:	No freilich!
Kare:	Und wo hod er sei Niederlassung?
Max:	London, Postbox 12144!
Kare:	Aha, im Postfach sitzt er! I hobmas fast denkt!
Max:	*Verblendet vom baldigen Reichtum:* Ja genau! Und sei Notarerei geht scheinbar ganz guat, weil er hod sogar a Bankkonto auf de Bahamas!
Erwin:	Sag bloß! A Bankkonto auf de Bahamas?
Max:	*Immer begeisterter:* Ja, weil des is in dera Mail dringstanden, des Bankkonto.
Kare:	Einfach so?
Max:	Ned einfach so – er hod gschriem, dass er mir de 2,5 Millionen Pfund überweist, weil seine Rercherchen haben ergeben, dass i da oanzige Verwandte bin vom John Grundlbauer, weil da John war ledig und kinderlos, a Junggsell praktisch.
Kare:	Und du bist dir sicher, dass des alles stimmt?
Max:	No freilich stimmt des! Der Notar kennt mi, weil er hod doch gschriem in seiner Mail: „Dear Mister Max Grundlbauer"! Des daad doch der ned wissen, wenn er ned recherchiert hätt!
Kare:	Noja, wenn dei Nachnam und dei Vornam in deiner Mailadress drinstenga, dann is des ned gar so schwierig, drauf zu kema, wia du hoaßt!
Max:	Ach, du allaweil! Auf jeden Fall hod er gschriem, i brauch eam bloß 2000 Euro auf des Konto auf de Bahamas überweisen für seine weltweiten Rercherchen, und dann überweist er mir sofort de 2,5 Millionen Pfund. I brauch bloß mei Kontonummer angeben, dann fließt da Diridari vo London zu mir. Wenns do is, des Geld, dann gib i a Runde aus, gell Hein!

Hein:	*Hat den Schwindel des angeblichen Notars längst durchschaut:* Alles klar, Max! *Leise zu Kathi:* Des wird a Runden wern!
Pfarrer:	Ja, um Himmels Willen, Max! Du wirst doch nicht so dumm gewesen sein und wirst das Geld überwiesen haben!
Kare:	Owa ehrlich! Max! Des is doch eindeutig a Betrug! Du host dem de 2000 Euro ned überwiesen, oder?
Max:	Natürlich ned, weil Vorsicht ist die Mutter der Porzellankiste!
Kare:	Jawoll, Max, gut gemacht!
Max:	I hob eam bloß 1000 Euro überwiesen und hob eam a Mail gschriem. Und do hob i einegschriem, dass er de restlichen 1000 Euro erst kriagt, wenn de 2,5 Millionen do san! Do wird er bläd schaun!
Bertl:	Kathi, zahln! Etza glangts!

Überraschung!

Die Eintönigkeit des Ehealltags wird bisweilen durch Überraschungen aufgelockert. Frauen beispielsweise überraschen uns mit einer neuen Frisur (die wir oftmals nicht bemerken, was zu schlechter Stimmung führt), Männer überraschen die Gattin damit, dass sie statt um 22 Uhr erst um 1 Uhr 30 in einem von der Gattin nicht erhofften Zustand vom Stammtisch heimkommen, was auch zu schlechter Stimmung führt. Grundsätzlich sind Überraschungen die Würze in unserem Leben und damit eigentlich etwas Positives. Aber nicht immer, auch wenn sie eigentlich gut gemeint sind!

Erwin: Ja Rudi! Warum schaust denn gar so grantig? Duat dir wos weh?

Rudi: Weh duat mir nix, owa meine Gattin hat keinen Humor nicht! Und des duat weh!

Erwin: Hods koan?

Rudi: Null! Im Gegenteil!

Erwin: Und wia äußerst sich des?

Rudi: Sie hod unlängst zu mir gsagt, dass unser Beziehung etza scho langweilig is, obwohl dass mir erst 8 Jahr verheiratet san. Oa Dog is wia da andere, hods gsagt, koana is prickelnd.

Max: Ja und? Aso a Horn! Des is doch ok, wenn oa Dog is wia da ander, weil dann is er wenigstens ned schlechter!

Rudi: Des seg i genau so, owa sie ned! Sie hod gsagt, sie daads gfrein, wenn i sie amal überraschen daad, so ganz spontan, wenn sie überhaupt ned damit rechnet. Des daad sie gfrein, hods gsagt.

Kare: Jamei, dann überrasch sie halt, dass a Ruah is!

Rudi: I hob sie ja überrascht, owa des hod ihr wieder ned passt! De hod null Humor!

Max: Mit wos hostas denn überrascht? Pralinen? Blumenstrauß? Chinesisch essen?

Rudi: Naa, viel origineller! Sie hod vorgestern af d'Nacht gsagt, dass sie no de Wäsch aus dem Keller holt und dass sie dann im Bügelzimmer bügelt. Und i hob mir denkt, dass des a guade Gelegenheit waar für a Überraschung, a ganz a spontane! Wia sie im Keller war, bin i schnell ins Bügelzimmer

	aufeghuscht, hob mir a Bettlaken übern Kopf gworfa und hob gwart.
Mane:	Oläck!
Rudi:	Ja genau, des konnst laut sagen! Wia sie mit dem Wäschkorb ins Bügelzimmer einekema is, bin i vor sie highupft und hob mit verstellter Stimme „Huhu" gschrian und mit de Arm gfuchtelt!

Alle haben Rudi's Geschichte gebannt angehört, sind sich allerdings einig, dass dies nicht die Art Überraschung war, mit der man bei Frauen punkten kann.

Kare:	*Grinsend:* Und? Wars überrascht?
Rudi:	Total, owa eher negativ! De is dermaßen überrascht gwen, dass ihr da Wäschekorb owegfalln is und sie war kaasweis vor Überraschung. Dann hob i mei Bettlaken owado, dass mi kennt und dann hod sie mir überraschend oane gschmiert. Do war dann momentan i direkt überraschter wia sie! Langer Rede kurzer Sinn: Meine Gattin hod null Humor!
Kare:	Des stimmt! Weil dei guter Wille war ja vorhanden, du host dir mords eine Mühe gmacht. Owa sie hod des nicht honoriert, im Gegenteil!
Max:	Unglaublich eigentlich! Do moanst du es guat und dann kriagst a Schelln, es is a Kreiz! De meinige hod wenigstens an Humor, owa einen seltsamen!
Mane:	Noja, owa immerhin! Es is ja scho wos Scheens, wenn eine Frau einen Humor hod, weil Lachen ist die beste Medizin, sagtma.
Max:	Ja scho, owa direkt zum Lacha is da Humor vo meiner Gattin ned, weil er einfach zu seltsam is.
Kare:	Ja, und wia äußert sich des?
Max:	Unlängst hods bei uns dahoam a Schwammerbriah gem mit Semmelknödel. Männer, i sogs eich: De Schwammerbriah war dermaßen guad! I hob no nie aso a guade Schwammerbriah gessn! I hob eineghaut, wos ganga is, aso hods mir gschmeckt!
Erwin:	Host ihr wenigstens aa wos lassen?

Max:	Mei Wei isst grundsätzlich koane Pilzgerichte, do kriagts Sodbrenna!
Erwin:	Glück muass der Mensch haben, dann bleibt dir mehr!
Max:	Etz passts auf! Sagt sie zu mir: „Und? Schmeckts dir?" Sog i: „Super! So guat wars no nie!" Sagt sie: „Des is a ganz a neis Rezept!" Sog i: „Aha! Und von wem host des?" Sagt sie: „Aus an englischen Krimi! Der hoaßt ‚Seine letzte Mahlzeit'!"
Mane:	Oläck!
Max:	Genau, des hob i mir aa denkt! Mir is glei da Löffel owegfalln vor lauter Schock. „Spinnst du?", hob i gsagt, „is des Rezept wirklich aus an englischen Krimi?" „Naa", hods gsagt, „des war doch a Witz! Also du glaubst wirklich jeden Schmarrn!" Dann war i erleichtert und hob weidagessn, de ganze Schüssel voll, radebutz!
Kare:	Also des is wirklich a seltsamer Humor! Do könnt oan ja da Schlag treffa, wennma sensibel waar!
Max:	Der Humor is no seltsamer, wia ihr moant! Wia i de Schwammerbriah komplett ausaglöffelt ghabt hob, sagts: „Mei, heit hods dir owa gschmeckt, Max!" Sog i: „War wirklich guat! Owa mit dein bläden Gag, dass des Rezept aus an englischen Krimi is, host mi fei gscheit gschockt!" Dann sagt sie: „Des duat mir leid, Max. Des war natürlich a Schmarn, wos i do gsagt hob, weil es war a schwedischer Krimi!"
Bertl:	Kathi, zahln! Etza glangts!

Das spannende Hobby

Es heißt immer, ein Mann sollte jederzeit ein Hobby haben, denn irgendwann kommt er in ein Alter, wo er aus dem Arbeitsprozess ausscheidet und ins Rentnerdasein übergeht. Und wenn er dann kein Hobby hat, langweilt er sich zu Tode. Denn man kann halt nicht immer Schnee räumen oder Rasen mähen. Die Qualität eines Hobbys wird jedoch sehr subjektiv beurteilt. Was für den einen die Welt ist, ist für den anderen ein Blödsinn – und umgekehrt.

Mane: Griaß eich, Kameraden! Heit derfts mir gratulieren, weil endlich is soweit! Aaf den Dog hob i lang gwart. Und i gib aus diesem Anlass a Runde aus, dass des klar is!
Kare: Oha! Host ebba endlich a Freindin?
Mane: Naa, des ned, aber: I hob mei Jägerprüfung bestanden! Ab heit bin i stolzer Jagdscheinbesitzer und derf offiziell auf d'Jagd geh!
Kare: Gratuliere und Waidmannsheil!
Mane: Waidmannsdank!
Kare: Owa ehrlich gsagt: Für mi waar des fei nix! Des is doch a todlangweiligs Hobby. Du sitzt stundenlang am Hochsitz oben und schaust und nix kimmt.
Max: Des stimmt! I kenn aa an Jaaga und der hod amal drei Wochen aaf a Wildsau gwart und kema is koane! Do versaust du dir doch des ganze Leben mit dera Warterei!
Erwin: Drei Wocha? Des gibts doch ned, der is doch verhungert am Hochsitz oben!
Max: Naa, zwischendurch war er scho dahoam, owa drei Wocha war er jede Nacht im Revier, sinnlos! Do wirst doch schwermütig, oder? Der wenn ned durch reines Glück an Fuchs daschossn hätt, dann waarn de drei Wocha komplett für d'Katz gwen! Eigentlich wars a Versehen, weil es hod sich wos grührt und er hod gmoant, des is d'Sau und hod gschossn, owa es war a Fuchs.
Mane: Des verstehst du ned. Es geht doch ned darum, dass i alle fünf Minuten a Wildsau daschiaß! Es geht darum, dass oane kema könnte – und des is dann der Glücksmoment, der alles vergessen lässt! De Spannung, des is des!

Rudi: Also i konn des ned nachvollziehen, wos do spannend sei soll. Wenn i drei Wochen bei Nacht und Nebel in vier Meter Höhe auf an unbequemen Holzbrett sitz, wos soll denn do spannend sei? Spannend is höchstens, ob i an Katarrh kriag oder Hämorhoiden!
Mane: Aso a Schmarrn! Eich fehlt der männliche Jagdtrieb! In da Steinzeit, do warn alle Männer Jäger und manche hamm des männliche Urgen heit no. Andere san verweichlicht, so wia ihr.
Bertl: Also liawa bin i verweichlicht, bevor i nach drei Wocha immer no koa Wildsau hob, owa a Lungenentzündung. Nein danke, sog i do bloß!
Mane: Wos habts den immer mit dera Wildsau? Es geht doch bei der Jagd ned bloß um d'Wildsau, es geht grundsätzlich um den Aufenthalt im Wald, in der freien Natur!
Rudi: Also des konn i aa haben, ohne dass i a drum Gwehr umanandaschlepp! Und in da Nacht seg i von da Natur sowieso nix, außer bei Vollmond, owa do aa bloß schemenhaft.
Mane: *Fast schon verzweifelt:* Ihr wollts mi einfach ned versteh!
Kare: Auf jeden Fall is die Jagd ein stinklangweiliges Hobby, wennst mi fragst! Eigentlich des langweiligste überhaupt.
Max: Es geht no schlimmer!
Kare: No schlimmer?
Max: Freilich! Schau dir de Angler o! De sitzen des ganze Wochenende an irgendan Fluss oder an Bach oder an Weiher und halten d'Angel ins Wasser eine, stundenlang, de ganz Wahnsinnigen sogar zwoa Angeln oder drei! Mei Schwiegersohn, der is aso a Petrijünger. Der hod mi amal zum Angeln mitgnumma. Am Samstag in da Friah um fünfe hob i aafsteh miassn, weil er gsagt hod, der frühe Vogel fängt den Wurm, also den Fisch praktisch mit an Wurm. Dann samma an irgend a Altwasser gfahrn, dann hod er zerst amal sei Ausrüstung auspackt: 2 Klappstühle, Würmer und Maden aller Art und in verschiedenen Größen, drei Angeln, an Eimer für die Beute und no a Haffa Glump. Des oanzig Sinnvolle warn 4 Weißbier und a Stang Krakauer und a Loab Brot.
Rudi: Wenigstens des!

Max:	Trotzdem wars todlangweilig! Mir samma vier Stunden durtghockt und hamm Würmer gebadet, de warn zum Schluss blitzsauber, owa Fisch hamma koan gfangt. De Mucken hamm uns dastocha zum Gotterbarmen, I hob ausgschaut, wia wenn i d'Beulenpest hätt'! Ohne Weißbier hätt i des sowieso ned überlebt! Um halbe elfe hamma dann a Krakauer gessen und a Brot. Und obts ihr des glaubts oder ned: Des war der Zeitpunkt, wo mei Schwiegersohn des erste Mal an dem Vormittag wos zu mir gsagt hod, nämlich „an Guadn!". Weil vorher hodma nix sagen derfa, dass de Fische ned scheu wern, wobei i mi frag, ob a Fisch überhaupt wos hört, weil an Fisch mit Ohrn hob i no ned gseng. Und bewegen hod man sich aa ned derfa, weil er hod scho bei da Hinfahrt gsagt: „Max, bloß ned rühr'n, weil de Fische gspürn jede Vibration, so sensibel san de!" I hätt umara neine so dringend bieseln miassn von dem Kaffee in da Friah, owa i hob mi ned traut, um halbe elfe hob i dann nimmer kinnt, weil i zu lang gwart hob. Des is ein Gefühl, des wünsch i koan!
Erwin:	Und des soll a Hobby sei? Des is doch pervers! Und zum Speim langweilig!
Max:	Genau! Wiama hoamgfahrn san, hod er gsagt zu mir: „Und, Max? Des war doch ein zünftiger Vormittag unter Männern, oder?"
Erwin:	Wos host nacha du gsagt?
Max:	I hob um des lieben Friedens willen gsagt „jawoll, Rüdiger" und hobma owa denkt, dass mei arme Tochter an Gstörten gheirat hod! Also wirklich: Wos Langweiligeres wia Angeln konn i mir beim besten Willen ned vorstelln!
Bertl:	I scho! Etza passts auf, etz erzähl eich wos: A Bekannter vo mir is a Geflügelzüchter. Und er hod scho einige Male zu mir gsagt, i soll amal auf an Wettbewerb mitfahrn. Und eines Sonntags hob i nix Bessers zum dua ghabt, bin i mit eam zu an Wettkrähen gfahrn. Mir warn zu dritt: Er, i und da Lucke, des is sei Gockel. Dann samma do hikemma – i sogs eich, sowos habts ihr no ned gseng! Do san massenhaft Käfige aufbaut und in jedem sitzt a Gockel drin, da Lucke war Nummer 12. Und dann geht da Wettkampf los. Vor jedem

	Käfig steht a Preisrichter mit an Notizblock und allaweil, wenn a Gockel „Kikeriki" schreit, dann macht da Preisrichter an Strich. Und der Gockel, der nach 30 Minuten de meisten Striche erkräht hod, des is da Sieger.
Kare:	Und des wars dann?
Bertl:	Des wars! Mehr passiert ned. A halbe Stund a wüste Kräherei und dann is vorbei. A kloane Sensation hods no gem, allerdings a negative! Da Besitzer vo oan Gockel waar fast durchdraht. Weil dem sei Gockel hod eigentlich zum engeren Favoritenkreis ghört, owa der hod scheinbar an dem Dog a psychische Blockade ghabt, der hod nicht einmal „Kikeriki" gschrian! Der is in sein Käfig dringstandn wie ein Depp und hod de andern zuaghört, so nach dem Motto: „Krahts ruhig, i halt mi heit draus!" Da Besitzer hod scho fast gflennt und immer wieder gsagt: „Walter, wos host den bloß? Walter, sog halt wos!" Der Gockel hod nämlich Walter ghoaßn.
Erwin:	Unglaublich, wos alles gibt aaf dera Welt! Wia konn a normaler Mensch bloß so ein Hobby haben?
Max:	Owa ehrlich! I daad wahnsinnig wern, egal ob i a Jaaga waar oder a Angler oder a Gockelbesitzer. Sowos Langweiliges! Do bin i scho froh, dass mei Hobby viel spannender is, do is wenigstens Action, do rührt sich wos!
Kare:	Wos host nacha du für a Hobby?
Max:	I sammel Bierfilzl!
Bertl:	Kathi, zahln! Etza glangts!

12 Kurze zum Schluss

Der indirekte Wunsch
Kare: Etza kimmt bald wieder Weihnachten.
Pfarrer: *Mit verklärtem Blick:* Die Geburt Jesu!
Kare: Ja, des aa! Owa i moan etza mehr de Schenkerei! Mei Enkel, da Lars, hod mir gestern feierlich sein Wunschzettel überreicht! Männer, i sogs eich: Wos sich der wünscht – haaresträubend!
Erwin: Wia des?
Kare: Weil des kein Mensch zahlen konn, wos der sich wünscht! Der spinnt vom Boa weg! An PC, a Mountainbike, a Handy – und des mit 9 Jahren! Des is doch a Wahnsinn, i bin doch koa Millionär!
Max: De kennen heitzudogs kein Grenzen mehr! Bescheidenheit ist ein Fremdwort! Und? Wos duast etza als Opa? Irgendwos muasst eam ja schenka zu Weihnachten, weil sunst bist glei untendurch bei eam! Des prägt sich bei an Kind ei, wenns nix kriagt. Des wird a Art Trauma, weil des Kind denkt sich immer, wenns di segt: „Des is der, der wo mir nix gschenkt hod!" Des geht soweit, dass dir der Lars ned aaf d'Beerdigung geht!
Kare: Ja, i hob scho wos. Des steht zwar ned direkt am Wunschzettel drauf, owa indirekt.
Rudi: Indirekt? Wia indirekt? Stehts drauf oder stehts ned drauf? Des versteh i etza ned.
Erwin: I aa ned.
Kare: Passts auf, es is aso: Er hod Folgendes gschriem, ich zitiere und buchstabiere: „Ich täde gern ein Händi haben oder einen Kombjuda oder ein Mauntnbeik. Wen ich das krige, bin ich fro, wen nicht, bin ich draurig!" Wia i des glesn hob, war für mi sonnenklar, wos der Bua für a Geschenk braucht: An Duden!
Bertl: Kathi, zahln! Etza glangts!

Die Würde der Sau

Kare: Etza wern langsam die Tage wieder kürzer, der Summer neigt sich dem Ende zu!
Erwin: Und de größte Hitz is aa vorbei.
Bertl: Gottseidank! Allaweil de Schwitzerei, mir wennst ned gangst! I schwitz nämlich recht leicht.
Mane: I war gestern im Woid, i sogs eich: Ein Traum! Wenn aso des Sonnenlicht durch de Baama scheint und überall de zarten Spinnweben, also des hod scho wos!
Pfarrer: An der Schönheit der Natur erkennt man Gottes Werk! Man muss nur die Augen offenhalten!
Kare: Genau! Des is typisch Altweibersommer, für mi mit Abstand de schönste Jahreszeit!
Max: Stimmt! Owa wissts wos: I glaub, dassma „Altweibersommer" nimmer sagen soll.
Kare: Nimmer?
Max: Naa, weil do hod ebba geklagt, weil der Begriff angeblich ältere Frauen diskriminiert.
Kare: Ohne Schmarrn?
Max: Ohne Schmarn! I hob des glesn irgendwo, eventuell hobs i aa im Fernseh gseng, so genau woaß i des nimmer. Owa oans woaß i: „Altweibersommer" verletzt die Würde der Frau!
Mane: Wundern daads mi ned, wenn irgend a Tierfreund gegen den Begriff „Sauwetter" klagen daad, weil des die Würde der Sau verletzt!
Bertl: Kathi, zahln! Etza glangts!

Ende der Evolution

Bertl: Habts ihr des aa glesn?
Kare: Naa! Wos denn?
Bertl: Im Allgäu hamms an Fund gmacht, der is von der Evolution her a Sensation!
Erwin: Wieso? Hamms an Japaner gfundn ohne Handy?
Bertl: Du Narr! Naa, a Skelett hamms gfundn, a menschenähnliches Skelett. Also ned direkt an Menschen, aso a Art Säugetier mit menschlichen Zügen oder so.
Kare: Ja und? Do hamms scho mehra gfundn. In Afrika, in Australien, warum soll dann im Allgäu ned aa oans rumliegen! Sooo sensationell is des ned.
Bertl: Des is scho sensationell, weil des Skelett darauf hindeutet, dass der, dem des Skelett ghört hod, aufrecht ganga is! Des is doch eine Sensation, evolutionsmäßig!
Erwin: Aso a Schmarrn! Bei uns am Friedhof liegen hunderte Skelette und de san alle aufrecht ganga! Also de Skelette an sich ned, owa de Besitzer derselben, wias no glebt hamm, de san aufrecht ganga! Des is doch koa Sensation ned!
Bertl: Owa des Skelett vom Allgäu is oane, weil des is 12 Millionen Jahre alt!
Kare: Oläck!
Bertl: Genau! Kein Mensch hod erwartet, dass vor 12 Millionen Jahren scho a Lebewesen gegeben hod, des aufrecht ganga is! Man is immer davo ausganga, dass damals no alle krocha san aaf alle viere.
Kare: Ja, war des dann scho a Mensch? Weil dann waar ja die Wiege der Menschheit ned Afrika, sondern Kempten oder Kaufbeuren, eventuell Isny!
Bertl: Des natürlich ned, weil a Mensch war des no ned. Owa von der Evolution her war die grobe Richtung scho in Richtung Mensch, im weitesten Sinn.
Rudi: Wars eventuell a Allgäuer Aff?
Bertl: *Langsam genervt:* Keine Ahnung, wos des genau war, woher soll denn i des wissen, i hob ja damals no ned glebt! Owa es is halt a Sensation, dass vor 12 Millionen Jahren a Lebewesen existiert hod, des wo scho aufrecht ganga is! Ob des a

	Aff war oder a Mensch oder sunstwos, des is doch wurscht! Des Entscheidende is der aufrechte Gang!
Mane:	*Der die ganze Zeit amüsiert, aber stumm zugehört hat:* Des is scho faszinierend! *Schüttelt den Kopf.* A Wahnsinn is des eigentlich!
Bertl:	*Erfreut, weil jemand seine Begeisterung teilt:* Gell!
Mane:	Naa. I moan ned den aufrechten Gang von dem Skelett, i moans eher umkehrt!
Bertl:	Umkehrt?
Mane:	Ja, umkehrt. Weil i war letzts Jahr in München, am Oktoberfest. Und do san im Bierzelt an mein Tisch drei Allgäuer gsessn, de hod gewaltig dürscht. Du, de hamm des gschafft, dass der aufrechte Gang, der sich in Millionen Jahren entwickelt hod, innerhalb vo vier Stund komplett wieder weg war! Ein Wunder der Evolution!
Bertl:	Kathi, zahln! Etza glangts!

Vorsorgemaßnahme

Max: Wer hätt des denkt, dass amal so weit kimmt!
Kare: Wia moanst jetza des?
Max: Mit dem Coronakrippl!
Kare: Do host du recht, des hätt koa Mensch ned denkt, dass des amal so weit kimmt!
Erwin: Kinnts eich no erinnern? Von de Japaner hodma gsagt, dass de spinnen, weil de scho Jahre vorher mit Mundschutzmasken rumgrennt san!
Mane: Da Michael Jackson aa!
Erwin: Genau, der war in dem Sinn scho immer a Japaner! Und etza, mit dem Corona, etza stellt sich heraus: Des warn koane Spinner, des waren Hellseher! De hamm gwisst, das wos kimmt, bloß ned wos und wann!
Mane: Des wenn mir oaner vor Corona gsagt hätt, dass Corona kimmt, dann hätt i gsagt, der hod an Vogel!
Pfarrer: Der Mensch denkt, Gott lenkt! Aber die Geschichte lehrt uns: Jedes Übel geht vorbei! Auf Regen folgt Sonnenschein! Auch Corona wird vorbeigehen!
Max: Genau, Herr Pfarrer, haargenau! Des sog i aa immer!
Kare: I aa! Natürlich war des bitter, den ganzen Winter koan Wintersport, ganz bitter war des, grad wennma a sportlicher Typ is! Owa mei, wos hilfts? Dann muassma halt amal oan Winter auf des Schifahrn verzichten, oder? Es gibt Schlimmeres!
Max: Do host du recht, Kare! Oan Winter koa Schifahrn, na und?
Mane: Owa i geh fest davo aus, dass demnächst Wintersport wieder möglich is, und dann bin i vorbereitet! I hob mir a top Ausrüstung zuaglegt, de war im Summer sogar im Angebot! Dann konn i den Wintersport in vollen Zügen genießen!
Erwin: A geh? Host dir neie Schi kafft?
Kare: Naa, an neia Fernseh!
Bertl: Kathi, zahln! Etza glangts!

Die Gans im Wandel der Zeiten

Kare: *Genussvoll schmatzend:* Also Hein, Kompliment: De Gans schmeckt dermaßen guat, dass da Wahnsinn is!
Erwin: Stimmt! Super host kocht, Hein!
Hein: *Verlegen:* A geh, sooo guat is aa wieder ned, oder?
Max: Naa Hein, ohne Schmarn: I hob selten aso a guade Gans gessn, und i hob scho viel Gäns gessn in mein Leben, zig Gäns!
Mane: Des war echt a guade Idee, dassma gsagt hamm, dassma amal beim Hein a Gansessen macha mit Knödel und Blaukraut! Wer hod de Idee eigentlich als Erster ghabt?
Max: Da Hein!
Rudi: A super Idee war des! I könnt essen, bis mi zreißt, so guat is des! Hein, ich verneige mich! De Gans is GANS guat!
Hein: *Durch das viele Lob selbstbewusster:* Des is a Rezept vo meiner Muada gottselig! Mir hamm dahoam immer Gäns ghabt, zu meiner Muada hamm ja d'Leit „Gans-Mare" gsagt, weils Maria ghoaßn hod und scho als Kind Gäns ghütet hod. Und natürlich san de Gäns irgendwann aa gschlacht worden und mei Muada hod scho friah glernt, wiama a Gans macht, dass zart wird und gschmackig und dassma a guade Soß kriagt. Und mir hods des Rezept weidageben.
Max: Hut ab, Hein! A Gans is sowieso a Lebewesen, woma alles braucha konn, de wird viel zu wenig geachtet! D'Federn fürs Bett, a Gänsfett hilft gega Halsweh oder aa Prellungen und als Nahrungsmittel is a Gans sowieso unschlagbar, bei allen Gelegenheiten. Do gibts de Kirtagans ...
Mane: Oder de Martinigans!
Kare: Nicht zu vergessen de Weihnachtsgans! Egal wann – wenn Gans hinten dranhängt, dann is des allaweil ein Genuss, egal, wos für a Gans!
Erwin: Sog des ned!
Kare: Wieso? Magst du koa Gans?
Erwin: De wos ihr grad aufzählt habts, de mog i scho! Owa naxte Woch hod mei Frau Geburtstag und do kimmt unser Tochter und kocht für uns und do bin i gar ned begeistert, obwohl des Essen mit „Gans" aafhört.
Kare: Hä? Wieso ned? Wos kochts denn nacha?
Erwin: Ebbs Ve-Gans!
Bertl: Kathi, zahln! Etza glangts!

Haustier gegen Gartentier

Kare: Sodala Männer, da Winter is endgültig ume, die Gartensaison fangt o! I gfreimi scho drauf!

Mane: Du bist ja scho immer a begeisterter Gartler, gell, Kare?

Kare: Des konnst laut sagen! Des kimmt wahrscheinlich daher, dass i aaf an Bauernhof aufgwachsen bin, des is praktisch genetisch. Des säen und ernten, des liegt bei mir im Bluat!

Max: *Grinsend:* Und trotzdem host bloß oa Kind! Do hod sich dei Säerei in Grenzen ghaltn!

Kare: Depp! Des war aaf den Gartenbau bezogen! I bin aaf jeden Fall gricht für die Gartensaison. Erwin, wia schauts bei dir aus? Du bist ja genetisch eher im Fischereiwesen dahoam, weil du host an Goldfischteich.

Erwin: Genau, 550 Liter Fassungsvermögen, vom Obi! War im Angebot!

Kare: Hut ab! Und? Alles vorbereitet für'n Summer?

Erwin: Alles klar soweit! Moang fahr i in d'Zoohandlung und kaaf mir 12 Goldfisch!

Kare: Warum scho wieder? Du host dir doch letzts Jahr erst 12 kafft!

Erwin: Scho, owa aso wias ausschaut, warn de alle für d'Katz!

Bertl: Kathi, zahln! Etza glangts!

Der Schneewitz

Kare: Kennts ihr den Witz scho mit de drei Schneeflocken?
Erwin: Drei Schneeflocken?
Kare. Ja genau!
Erwin: Naa, den kenn i no ned!
Max: Des wird aso a Schmarrn sei – drei Schneeflocken!
Mane: Erzähl!
Kare: Der is ned schlecht, des sog i eich! Also: Treffen sich im Himmel oben drei Schneeflocken ...
Erwin: Im Himmel?
Kare: Noja, ned direkt im Himmel, in an winterlichen Niederschlagsgebiet, in einer Wolke praktisch.
Max: Do treffen sich de?
Kare: Genau!
Erwin: Drei?
Kare: *Genervt:* Ja, drei! Mensch Meier, etza lassts mi halt den Witz erzähln und fragts ned dauernd so bläd dazwischen!
Mane: Dann erzähl halt!
Kare: Also, und etza bitte Ruhe: Treffen sich drei Schneeflocken im ..., in einer Wolke. Sagt de erste Schneeflocke zu de andern zwoa: „I fliag etza mit a paar Trillionen Kumpel nach Österreich, dann werma eine Schipiste!"
Max: Aha!
Kare: Genau! Sagt de zwoate Schneeflocke: „Und i fliag mit a paar Milliarden Kumpel nach Grönland, dann werma a Iglu!"
Rudi: A Iglu?
Kare: Ja genau, a Iglu!
Rudi: Stark!
Kare: Und etza kimmt da Hammer! *Lacht schon vorab über die seiner Meinung nach köstliche Pointe.* Sagt de dritte Schneeflocke „Und i fliag mit 150 Kumpel nach Deitschland, dann werma a Schneekatastrophe!" *Lacht lauthals.* Verstehts – Schneekatastrophe, 150 Schneeflocken, Wahnsinn!
Bertl: Kathi, zahln! Etza glangts!

Das zweite Ding

Kare: Prost, Männer! I daad sagen, etza trinkma amal darauf, dass uns so guat geht!

Erwin: Jawoll, prost miteinander! Kare, des is a guade Idee, a ganz a guade! Auf des ghört sich scho amal angestoßen. Samma froh, dass uns guat geht, weil andere gehts schlechter. Uns fehlt doch nix, oder? Wenn uns hungert, dann essma, wenn uns dürscht, dann trinkma ...

Kare: Und dürschten duat uns oft!

Erwin: Des is wahr, prost!

Max: Und mit unsere Frauen könnma mir aa zufrieden sei, oder? Mir hättens schlechter erwischen kinna, viel schlechter!

Kare: Genau! Samma zufrieden mit unsere Damen! Männer, amal unter uns: Moants ihr, dass unsere Damen mit uns aa zufrieden san?

Erwin: I glaub, insgesamt scho, im Großen und Ganzen. Mei Frau hod zum Beispiel erst gestern zu mir gsagt, dass sie mit mir zufrieden is.

Kare: Segstas! Dann fehlt sich ja nix!

Erwin: Allerdings hods gsagt, dass zwoa Dinge gibt, die sie an mir hasst! Des hod sie mir eiskalt ins Gsicht gsagt!

Kare: Ehrlich? Und wos san des für zwoa Dinge?

Erwin: Des erste is, dass ihr nie richtig zuahör.

Kare: Aha! Und des zwoate?

Erwin: Des woaß i nimmer.

Bertl: Kathi, zahln! Etza glangts!

Der Käfer im Wandel der Zeiten

Kare: Mei, i wenn zruckdenk an mei Sturm- und Drangzeit, i war fei scho a wilder Hund damals!
Erwin: Inwiefern?
Kare: Zum Beispiel beim Autofahrn, ehrlich gsagt bin i gfahrn wia die Sau.
Erwin: Wos host denn nacha für a Auto ghabt damals?
Kare: An 1300er VW Käfer, metallic.
Erwin: Noja, also direkt rasen host du mit dem owa ned kinna.
Kare: Von wegen, Erwin, von wegen! Etza sog i dir wos: Du kennst doch des kloane Waldstück zwischen Frinzing und Unterfrinzing.
Erwin: No freilich kenn i des, do wo de scharfe Linkskurve is.
Kare: Genau! Vo Frinzing aus is a Linkskurve, vo Unterfrinzing aus eher rechts.
Erwin: Logisch!
Kare: Und bei dera Kurve wollt i testen, ob de mit 80 zum fahrn is.
Erwin: Und?
Kare: I hobs fast bezwungen, owa dann is mir a Baam dazwischenkema. Und bei dem Kampf Käfer gegen Baum hod da Käfer keine Chance, da Baam hod haushoch gwunna! Und mei Käfer war hi.
Max: Des is heit umkehrt, heit daad aaf jeden Fall da Käfer den Kampf gwinna.
Kare: Moanst?
Max: No freilich! Owa da Käfer hoaßt heitzudogs ned VW mit Nachnamen, sondern Borken!
Bertl: Kathi, zahln! Etza glangts!

Glückstag

Mane: Wissts ihr überhaupt, dass heit a bsonderer Dog is?
Kare: A bsonderer Dog, ehrlich? Wos nacha für oaner?
Mane: Heit is Freitag, der 13.!
Rudi: Ja und? Warum soll der bsonders sei? Des is doch a ganz a normaler Dog.
Mane: Eben nicht! Freitag, der 13. is normal a Unglückstag.
Kare: Aso a Schmarrn! I hob an einem Freitag, den 13. gheirat! Und i bin heit no sehr zufrieden mit meiner Frau, i möcht koa andere ned. Also für mi is des eher a Glückstag!
Max: Für mi aa! I bin an einem Freitag, den 13. geboren. Und mei Leben is bisher super glaffa und des san etza immerhin scho 73 Johr! Also für mi is des aa einwandfrei a Glückstag!
Erwin: Für mi waars fast a Glückstag gwesn. Owa bloß fast. Wenn des Schicksal ned wos durcheinander bracht hätt. Owa des Schicksal hod leider wos durcheinander bracht und drum is ned direkt a Glückstag worden.
Kare: Wia des? Des muasst uns jetza scho erklärn.
Erwin: I hob an einem Freitag, den 13. am Vormittag mei Abschlussprüfung in Mathe gschriem und am Nachmittag hob i an Lottoschein abgeben. Und dann hod des Schicksal wos durcheinander bracht: In Mathe hob i an Sechser ghabt und im Lotto an Oanser!
Bertl: Kathi, zahln! Etza glangts!

Alle Jahre wieder

Kare: Sodala, Weihnachten is ume, des hättma wieder überstanden.

Max: Gottseidank! I bin direkt froh, dass de Feiertage vorbei san. Weil wo du hikimmst: Plätzln, Stollen, Punsch und des ganze Glump! I hob einen Magen beinander zum Grausen! Kathi, bring mir sofort an Schnaps, weil der bringt mei Verdauung wieder auf Vordermann!

Erwin: Mir aa, Kathi, sofort!

Rudi: Mir an Doppelten!

Mane: Kathi, bring glei a ganze Runden, des i am allergscheidern!

Kathi: Alles klar, eine Runde Obstler zur Verdauung von Weihnachten! Wollts an Stollen dazua, es waar no oaner do?

Kare: Sei bloß staad, pfui Deifl! Und, Männer? Wos hod eich's Christkindl bracht? I hob a Rasierwasser kriagt, wia alle Johr.

Erwin: Und i a Krawattn, wia alle Johr.

Mane: *Niedergeschlagen:* Und i vo meiner Mama an selbergstrickten Pullover, wia alle Johr.

Rudi: Und i an Wellnessgutschein für zwei Personen, do fahrt dann sie wieder mit, wia alle Johr.

Kare: Und du, Max? Host du aa wos kriagt zu Weihnachten?

Max: No freilich, an Katarrh, wia alle Johr!

Bertl: Kathi, zahln! Etza glangts!

Das ferne Gewitter

Erwin: Spitzt die Ohren. Männer, habts ihr des ghört?
Kare: Wos ghört? I hob nix ghört!
Erwin: Donnert hods!
Max: Gell! I hob mir scho denkt, dass i wos hör. War des a Donner, ha?
Kare: Hundertprozentig, des war a typischer Donner.
Mane: Etza, wo du des sagst – i glaub i hob aa oan ghört. Aso a Gewitter is fei scho wos Faszinierendes. Zerst blitzts, dann donnerts, niemals umkehrt!
Kare: Des is doch klar, weil der Schall is langsamer wia des Liacht, des hamma ja scho in da Schul glernt! Physik!
Mane: Eben! Und drum konn man des ganz genau berechnen.
Max: Berechnen? Wia berechnen?
Mane: Man braucht bloß de Sekunden zählen vom Blitz weg bis scheppert, dann woaßma, wia weit des Gewitter no weg is. Wenns zum Beispiel jetza in dem Moment blitzn daad und in sechs Sekunden daads scheppern, dann waar des Gewitter no knapp zwoa Kilometer weg!
Kare: Interessant! Und wenns etza blitzn daad und erst in 15 Sekunden scheppern, dann waars no weit weg.
Max: Ganz weit!
Rudi: Bei mir wars no krasser! Do hods blitzt und erst sechs Wochen später gscheppert!
Mane: Sechs Wochen? A geh, des gibts doch gar ned!
Rudi: Doch, des gibts! I war mit dem Auto vo meiner Frau unterwegs vor sechs Wochen und do hamms mi blitzt. Und gestern hod mei Frau den Bußgeldbescheid kriagt, weil es war ja ihra Auto. Mei liawa, do hods gscheit gscheppert!
Bertl: Kathi, zahln! Etza glangts!

Weitere Bücher und CDs von Toni Lauerer

A scheene Bescherung
Preis: 14,90 EUR

Scho wieder Weihnachten?
Preis: 14,90 EUR

Endlich wieder gschafft
Preis: 14,90 EUR

Mei, bin i a Depp!
Preis: 14,90 EUR

Der Alltag is da Wahnsinn
Preis: 14,90 EUR

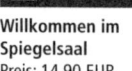

Willkommen im Spiegelsaal
Preis: 14,90 EUR

Voll im Trend
Preis: 14,90 EUR

Wos gibt's Neis?
Preis: 14,90 EUR

I glaub, i spinn
Preis: 14,90 EUR

I bin's wieder
Preis: 14,90 EUR

Hauptsach', es schmeckt!
Preis: 14,90 EUR

Eigentlich is wurscht
DVD: 16,90 EUR
CD: 14,90 EUR

Toni Lauerer
Die schönsten Grimms Märchen auf Bairisch
je 19,90 EUR

Hubertus Hinse / Toni Lauerer
Sagen aus der Oberpfalz
„Glaubn mechst es ja ned"
je 14,90 EUR

MINIBÜCHER · 48 Seiten · 11,5 x 11,5 cm · nur 3,95 EUR je Band!

Zum Geburtstag

Die liebe Oma

Verheiratet, na und?

Gute Besserung

Tolle Frauen, liebe Mütter

Starke Männer, liebe Väter

Erhältlich im Buchhandel.
Weitere Informationen zum Autor und seinen neuesten Titeln finden Sie unter: www.battenberg-gietl.de